تنقیدی کشمکش

(تنقیدی مضامین)

باقر مہدی

© Baqar Mehdi
Tanqiidi Kashmakash *(Essays)*
by: Baqar Mehdi
Edition: February '2025
Publisher :
Taemeer Publications LLC (Michigan, USA / Hyderabad, India)

ISBN 978-93-6908-718-1
9 789369 087181

کتاب	:	**تنقیدی کشمکش** (مضامین)
مصنف	:	**باقر مہدی**
صنف	:	تحقیق و تنقید
ناشر	:	تعمیر پبلی کیشنز (حیدرآباد، انڈیا)
سالِ اشاعت	:	۲۰۲۵ء
صفحات	:	۱۰۴
سرورق ڈیزائن	:	تعمیر ویب ڈیزائن

فہرست

ترقی پسند شاعری کے مسائل

دنیا کے ہر ملک کا ادب ایک ایسے دور سے گزرتا ہے جب معاشی بحران اور سیاسی ہنگامہ آرائیوں سے شاعروں اور ادیبوں کے ذہنوں میں زندگی کے سارے نئے مسائل الجھ جاتے ہیں۔ تاریخ کا بہتا ہوا دھارا اپنی راہ بناتا ہوا بڑھتا ہے۔ طریقہ پیداوار میں تبدیلی نئی قدروں کو جنم دینے میں پیش پیش رہتی ہے۔ مختلف فلسفہ حیات کو سمجھنے کے لیے اس رشتہ کو دیکھنا پڑتا ہے جس سے وہ سماجی مسائل سے منسلک ہیں اور اس رشتہ کی تلاش اس دور کے معاشی زندگی کے الجھاوے کو سامنے لاتی ہے۔

معاشی قوتیں ان پوشیدہ دھاروں کی طرح ہیں جو اندر بہتے رہتے ہیں اور آہستہ آہستہ کناروں کو کاٹتے ہوئے اپنے لیے نئی جگہ بناتے جاتے ہیں۔ صنعتی انقلاب ایک دو سال میں رونما نہیں ہوا بلکہ ایک صدی کے عرصے میں اس نے جاگیرداری کے نشانات تک مٹا دیے۔ آج ادب دیوانگی کا نتیجہ نہیں ہے اور نہ الہامی تصورات کا کرشمہ ہے۔ زندگی کے نت نئے مسائل شاعروں اور ادیبوں کو اپنا مواد جمع کرنے کے لیے ان سے سماجی شعور اور سیاسی بیداری کا مطالبہ کرتے ہیں اور ان مسائل کو سمجھنے کے لیے تجربے کے ذاتی ردعمل کے علاوہ مختلف علوم کی طرف جانا پڑتا ہے۔

آج کسی موضوع پر چند اشعار موزوں کرنے کے لیے "شعری رو" کافی نہیں ہے۔ شعری تجربے کے لیے جودت طبع میں اتنی جسارت نہیں ہے کہ وہ نئی تحریک کا باعث ہو سکے اور اس کے لیے ذہن بیدار کے ساتھ ساتھ سماجی شعور کا ہونا بھی لازمی ہوتا جارہا ہے۔

اس سے ہرگز یہ مطلب نہیں ہے کہ قدیم شاعروں کے یہاں سماجی شعور نہیں تھا اور یہ کوئی سائنسی دور کی چیز ہے۔ ایک بہت مشہور اور دور قدیم کے عظیم شاعر دانتے کی نظم مقدس طربیہ پڑھتے وقت آج بھی اس دور کی مکمل تصویر سامنے آجاتی ہے۔ اس دور کے عروج میں جو اس کے کارنامے تھے اور عیسائی مذہبی تحریک کی سخت گیری اور اس کے خلاف تحریکوں کا ذکر بھی ملتا ہے۔ دانتے کی زندگی کی حدود نکرویولس کی بڑی دیواریں کھینچتی ہیں اور نکرویولس کو "مردوں کا عالمی شہر" کہا جاتا تھا۔ لیکن اس کی تیز نظر نے ان دیواروں کے افق کو پار کر کے نئی دنیا کا سراغ لگایا۔

اس نظم کا اصل موضوع انسان کا زوال اور ترقی کی تجدید ہے۔ صرف قدیم دیومالا اور حکمت کی تنگ فضا میں نظم سمٹ کر نہیں رہ گئی ہے۔ اس دور کے سارے تجربات، مختلف فلسفہ خیالات، اضافی اور ماورائی بحثوں کی کہکشاں سے لے کر دانتے کی صبح و شام کے مشاغل کا تذکرہ ملتا ہے۔ اس نظم میں دانتے کی شخصیت کے سارے پہلو ملتے ہیں۔ دانتے جو میونسپل آفیسر تھا، دانتے جو نیا فن کار تھا، دانتے جو گیٹو کا دوست تھا، دانتے جو ایک ڈپلومیٹ تھا، جو ڈی مونریکا کا مصنف تھا، جو تھامس آکینے کا طالب علم تھا۔ اور یہ نظم اس کی مکمل شخصیت کی آئینہ داری کرتی ہے۔ لیوس

ممفورڈ نے اپنی مشہور کتاب انسان کی حالت (THE CONDITION OF MAN) میں اس نظم کو دور قدیم کا نمائندہ کارنامہ کہا ہے۔ اس مثال سے یہ مقصد تھا کہ سماجی شعور اور سیاسی بیداری کا مطالبہ آج شاعروں اور ادیبوں سے کیا جارہا ہے وہ کوئی بالکل نیا مسئلہ نہیں ہے۔

دوسری جنگ عظیم کے اثرات سے زندگی کا کوئی گوشہ بھی نہیں بچ سکا۔ یہ صحیح ہے کہ جنگ ہندوستان کے میدانوں میں نہیں لڑی گئی لیکن انگریزوں کی استحصال کی پالیسی کسی "جنگ" سے کم نہیں تھی۔ جنگ کے فوراً بعد آزادی کی تحریکوں نے زور پکڑا اور ۱۹۴۷ء میں سیاسی آزادی تقسیم کی شکل میں مل گئی۔ اس دور میں سماجی بحران کی ابتدا ہوئی جو فسادات کی صورت میں شمالی ہند اور مغربی پاکستان میں پھیل گئے۔ اس زمانے میں مسائل ایک دوسرے میں اتنا الجھ گئے تھے کہ ذہنی بحران پنی تمام تباہ کاریوں کے ساتھ آگیا۔ ترقی پسند تحریک جو پہلی ادبی منظم جماعت ہے، وہ بھی ان اثرات کا شکار ہوئی۔ ترقی پسندی حقیقت نگاری کی تحریک کی ادبی روایت ہی نہیں ہے بلکہ ہندوستانی ترقی پسند تحریک، دنیا میں ترقی پسند تحریک، اشتراکیت کے اصولوں کے پرچار، فاشزم کے خلاف تمدنی اور ادبی محاذ قائم کرنے کی عام تحریک کا ایک حصہ ہے۔

ترقی پسند شاعر نے آزادی کی قومی تحریک میں بڑی بڑی قربانیاں پیش کی تھیں لیکن جب آزادی ملی تو حالات کو سمجھنے کے لیے ان کے ذہن اتنے بیدار نہ تھے۔ خاص کر ایسے موقع پر جب قومی رہنماؤں نے افرنگ کی "جمہوریت نوازی" کے نغمے گانے شروع کر دیے تھے اور سیاسی اور سماجی مسائل اتنے الجھ گئے تھے کہ ان

کے سمجھنے کے لیے ذہنی توازن کے ساتھ ساتھ پتھر کو چیرنے والی نظر کی ضرورت تھی اور ترقی پسند شاعر اس وقت تک سیاسی رہنماؤں کی رہبری کے بغیر حالات کو سمجھنے کی صلاحیت کم ہی رکھتے تھے۔ ادبی تحریک میں بحران آنے کی کئی وجوہ ہیں۔ مشہور ادیب آلیک ویسٹ نے اپنی کتاب "تنقید اور بحران" میں ادبی بحران کو خام ذہنوں کی پیداوار کہا ہے اور شاعروں اور ادیبوں کی کم نگاہی بھی موردالزام قرار پاتی ہے۔

شاعری میں ذاتی جذبات کے 'ناتراشیدہ' ردعمل، آرزوؤں کے صنم خانوں کے ساتھ ساتھ سماجی اور سیاسی مسائل بھی جگہ پاتے ہیں۔ ترقی پسند شاعر اپنی نظموں میں افادی پہلو کو ابھارنے کی کوشش کرتا ہے اور یہاں پر اس کے سماجی شعور کا سوال سامنے آتا ہے۔ نئے سماجی حالات نے نیا شعور اور نئے شعور سے نئی زندگی اور نئے ادب کا ظہور ہوتا ہے۔ یہ فارمولا نہیں ہے لیکن سماجی شعور کیسے بنتا ہے، کا جواب ضرور ہے۔ جب مسائل الجھے ہوئے ہوں اور شاعر اپنی نظموں میں ان مسائل کو کسی خاص فارمولا کے تحت نظم کر دیتا ہے تو ادبی بحران کے جراثیم پرورش پانے لگتے ہیں۔

افراتفری کے دور میں "حالات گیر نظر" بڑے بڑے دانشوروں میں بھی نہیں ملتی۔ لیکن ترقی پسند تحریک نے جہاں ادب اور زندگی کے رشتہ کو مستحکم کیا ہے وہاں سماجی شعور اور اپنی تنقید کی روایات بھی قائم کی ہیں۔ ایسے موقع پر جب حالات ہر لمحہ بدل رہے ہوں، اس وقت بڑے ضبط سے خود شاعر کو اپنی سمجھ بوجھ کا سہارا لینا پڑتا ہے۔ شاعر اور ادیب سے کبھی بھی یہ مطالبہ نہیں کیا گیا کہ وہ سماجی اور

سیاسی مسائل کا حل کیوں نہیں پیش کرتے البتہ زندگی کا یہ ہمیشہ مطالبہ رہا ہے کہ وہ اپنے کو اس کا نباض اور ترجمان کہتے ہیں تو حالات حاضرہ کے بارے میں اپنے احساسات، جذبات اور خیالات کو ادب میں اجاگر کریں۔

شاعر اور ادیب کے افکار و احساسات کو کبھی بھی کسی سیاسی لائن کا غلام نہیں بنایا جا سکتا۔ اور جب بھی اس کی کوشش کی گئی ہے، ادبی بحران کا "سیلاب بلا" اپنے تمام تباہ کن نتائج کو لیے ہوئے آیا ہے۔ پروفیسر ڈی پی مکرجی مشہور ترقی پسند دانشور اور بنگالی ادیب کا خیال ہے کہ "ادبی بحران اس وقت تحریک میں داخل ہوتا ہے جب ادبی جماعت ایسے افراد پر مشتمل ہو جو حالات کو سمجھنے کے دعویدار ہوں مگر حقیقت میں اپنے ذہنی افلاس کو پوشیدہ رکھنے کے لیے بلند بانگ نعرے لگاتے ہوں۔ ایک ایسے دور میں جب نظام حیات کی صورت گری ہو رہی ہو اور سماجی تنظیم کا شیرازہ بکھرا بکھرا سا ہو اور ایک دور پوری طرح ختم نہ ہوا ہو اور نئے دور نے نقاب نہ الٹی ہو۔" یہ کشاکش اور بحران کا دور ہوتا ہے۔ ایسے زمانے میں منظم سیاسی جماعتوں میں بھی انتشار پیدا ہو جاتا ہے اور شاعری کی دنیا میں بھی جذباتیت، نعرہ بازی اور سہل انگاری کی فضا چھا جانے کا امکان رہتا ہے۔

اس کی وجہ یہ ہے کہ حالات کچھ تو بڑے پریشان کن ہوتے ہیں اور کچھ ذہنی افلاس کا اثر ہوتا ہے کہ شاعروں کے ذہنوں میں ساری چیزیں گڈمڈ ہو جاتی ہیں اور کبھی شاعروں کا ایک گروہ حالات کو "فارمولے" کی مدد سے نظم کرنے کی کوشش کرتا ہے۔ اس دور میں یہ شاعر جو اپنے کو "پیش رو" ثابت کرنا چاہتے ہیں، شعوری یا غیر شعوری طور سے زندگی کے ترجمان ہونے کے بجائے ایک "خیالی زندگی" کو اپنا

لیتے ہیں اور یہ رشتہ عجب رنگ سے جوڑا جاتا ہے کہ خود شاعر کا کلام زندگی سے گریزاں ہو جاتا ہے اور اس کی وجہ یہ ہے کہ وہ اپنے ماحول کی ترجمانی تو سمجھتے ہوئے کرتا ہے لیکن اس کا نظریہ خالص رومانی اور جذباتی ہو جاتا ہے اور اس وقت اگر اس کے فارمولے کے مطابق دوسری انسانی قدریں نہیں آتیں تو وہ حقیقی اور سائنٹیفک قدروں کو ٹھکرا دیتا ہے۔ اس منزل پر آکر تنگ نظری اپنی انتہا کو پہنچ جاتی ہے، جس کا لازمی نتیجہ ادبی بحران اور اس کے بعد جمود کی صورت میں ہوتا ہے۔ اس بحران کی جڑیں سماجی حالات میں ملتی ہیں اور تجزیہ کے بعد پتہ چلتا ہے کہ یہ میکانکی انداز فکر کا لازمی اثر ہے۔

میکانکی انداز فکر ترقی پسند تحریک میں اس وقت داخل ہوا جب "سیاسی آزادی" کسی صورت میں مل رہی تھی اور انگریزوں اور فرقہ پرستوں کی ملی بھگت نے فسادات کی آگ پھیلا دی تھی۔ تقسیم ہند کے مہلک اثرات کی گونج شعر و نغمات میں آج تک سنائی دیتی ہے۔ لیکن ترقی پسند مصنفین کی تحریک ہی ایسی ہے کہ وہ فرقہ واریت کے سیلاب کو روکنے کے لیے ایک دیوار کی صورت میں کھڑی ہوگئی۔ ترقی پسند شاعروں کا یہ کارنامہ ہے کہ وہ اپنے کو تعصب کی آلائشوں سے بچا سکے۔ یہ کارنامہ کسی شعوری جدوجہد کا نتیجہ نہیں ہے بلکہ شاعر اور۔۔۔ اپنی آزادانہ فطرت کے لیے مشہور ہے اور انسانیت کا بہی خواہ ہونے کی وجہ سے وہ اس طوفان کی نذر نہ ہو سکا لیکن میکانکی انداز فکر نے شاعرانہ خوبیوں کو بالائے طاق رکھ دیا اور وہ خیالی عوام کے لیے منظوم تقریریں پیش کرنے لگا اور عوام کو اشتراکی انقلاب کے لیے آمادہ کرنے کی فضا بنانے لگا تھا۔

یہ معاشی قوتوں اور تاریخی حالات سے مکمل بے خبری کی واضح مثال ہے۔
سوال یہ ہے کہ کیا ہندوستان ایک اشتراکی انقلاب کے لیے معاشی اور سیاسی طور سے تیار تھا۔ کیا عوام کا شعور اتنا بیدار ہو چکا تھا کہ وہ تلوار اٹھانے پر مجبور تھے؟ اگر آج اس دور کا سیاسی تجزیہ تاریخی پس منظر میں کیا جائے تو ایک وقت میں مختلف دھاروں کے بہنے کا اندازہ ہو سکتا ہے۔ موج کے تلاطم کو ہمیشہ طوفان کا پیش خیمہ سمجھنا معاشی قوتوں کو نہ سمجھنے کے مترادف ہے اور یہ سیاسی غلطی تمام سیاسی ترقی پسند جماعتوں سے سرزد ہوئی جس کی رہنمائی ہندوستانی کمیونسٹ پارٹی کر رہی تھی۔

ابھی ملک نے سرمایہ داری کی بدترین استحصال کی منزل میں قدم نہیں رکھا ہے اور جاگیرداری اور سرمایہ داری میں بڑی حد تک کشمکش جاری ہے۔ کہیں کہیں قوم پرست رہنماؤں نے جاگیرداروں سے صلح کر کے عوامی تحریکوں کو کچلنے میں مدد دی ہے اور سرمایہ داروں نے قومی رہنماؤں سے کوئی سرکاری معاہدہ نہ ہونے کے باوجود بہت سی امیدیں وابستہ کر رکھی ہیں لیکن اب بھی بورژوائی جمہوریت کے دھندلے نقوش ملتے ہیں۔ نئے خیالات کی پرواز سنائی دیتی ہے۔ نئی تعلیم کا چرچا بھی ہو رہا ہے۔ دوسری طرف انگریزوں نے تقسیم ہند کے ذریعہ دونوں جگہوں کے بازاروں کو اپنے اقتدار میں کر رکھا ہے۔ اس کے باوجود ہندوستان کے قومی رہنماؤں نے جمہوریت کو خیرباد کہا ہے۔

۱۹۴۸ء میں یہ خیال زور پکڑ گیا تھا کہ طبقاتی کشمکش تیز ہو گئی ہے اور شاعروں کو اپنے فن کے ذریعہ اس انقلابی جذبہ کو آگے بڑھانے میں مدد دینی چاہئے۔ یہ خیال صحیح نہیں تھا کہ طبقاتی کشمکش اس منزل پر پہنچ گئی ہے کہ ترقی پسند تحریک کے ہر فرد

کو اپنے کلام میں تلوار کی جھنکار کا نغمہ مل جائے اور نغمہ پابند نے ہو کر رہ جانے کی کوشش نے سنسنی خیز اور ہیجان انگیز شاعری کا آغاز کیا۔ وجہ یہ تھی کہ جب سماجی ارتقا کے قوانین کا اطلاق بہت بھونڈے اور میکانکی طور سے ادب پر کیا جانے لگتا ہے تو نہ صرف ادب ہی کو نقصان پہنچتا ہے بلکہ انقلابی قوتیں بھی کمزور پڑ جاتی ہیں۔ "مارکسی تنقید اور فلسفہ میں اقتصادی بنیاد کی اولیت اور طبقاتی جنگ ادبی جانچ پڑتال کا آلہ ہے لیکن جب اس آلہ کو "باقاعدہ" تمام حالات اور علوم کا جائزہ لیتے ہوئے میکانکی طور سے استعمال کیا جاتا ہے تو یہ آلہ علم دشمنی اور جہالت کا حربہ بھی بن جاتا ہے۔"

ترقی پسند تحریک میں یہ میکانکی طریقہ فکر بڑے زور و شور سے چھا سا گیا تھا۔ ادبی رہنماؤں کے ذہنوں میں خیال اور مادے کی باہمی اثر اندازی کا رشتہ صاف نہیں تھا اور صرف طبقاتی جنگ ہی کو انسانی عقل اور فہم کا جادو سمجھنے لگے تھے۔ انسانی شعور سماجی ماحول کا پروردہ ہے اور اصل میں مادی زندگی کی پیداوار ہے۔ جو چیز سماجی اور سیاسی شعور کی شمعوں کی لو کو تیز کرتی ہے وہ مادی زندگی کا عکس ہے یعنی انسان کا علم جو مادی بنیاد پر اثر انداز بھی ہوتا ہے۔ ادبی رہنماؤں نے ان پیچیدہ مسائل کو بالکل نظر انداز کر دیا تھا۔ اس لیے کہ ان کا سماجی شعور سیاسی رہنماؤں کی غلط پالیسی میں گرفتار تھا اور خود انفرادی طور سے حالات کو سمجھنے اور تجزیہ کرنے کے اہل نہیں تھے۔ جس کا نتیجہ یہ ہوا کہ بمبئی کانفرنس ۴۹ء کا مینی فیسٹو ایک سیاسی دستاویز ہے جس کی بنیاد میکانکی طریقہ فکر پر ہے اور وہ سیاسی رہنماؤں کی دہشت پسند پالیسی کو ترقی پسند مصنفین کی پالیسی بنانے کی کوشش تھی۔

اس نہج پر آکر شاعری اور سیاسیات کی بحث چھڑ جاتی ہے۔ ادب اور زندگی کے رشتے اتنے مستحکم ہو چکے ہیں کہ سیاسی تبدیلیوں کا ادب پر اثر ناگزیر ہے۔ شاعری اور سیاست میں لکیر کھینچنا ممکن ہے، شاعری محض سیاست نہ کبھی ہوئی۔۔۔ اور نہ ممکن ہی ہے۔ سیاسی شاعری کے مختلف پہلو ہوتے ہیں۔ روزنامہ اخبار میں شائع ہونے والی نظموں سے لے کر ادبی رسائل تک ایسی بے شمار نظمیں ملیں گی جن کا موضوع "خالص سیاسی" کہا جا سکتا ہے۔ لیکن آج موضوع کا انتخاب شاعر زندگی کے کسی نہ کسی گوشے سے کرتا ہے اور جس طرح وہ کسی موضوع کو اپناتا ہے، اسی سے بحث کا آغاز ہوتا ہے۔

آج موضوع سے زیادہ اہمیت نقطہ نظر کی ہوگئی ہے۔ یہ سماجی اور سیاسی انتشار کا دور ہے اور سیاسیات نے اس دور میں انسانی زندگی اور ترقیات کے سلسلے میں نئی صورت اختیار کرلی ہے۔ سیاسیات اب مختلف علوم پر ہی نہیں بلکہ روزانہ کی زندگی پر بھی اثر انداز ہوتی ہے۔ اسی لیے یہ کہنا مبالغہ نہ ہوگا کہ یہ سیاسی بیداری کا دور ہے اور صنعتی ترقیات نے دنیا کی دوری کو اخبارات، ریڈیو اور دوسرے رسل ورسائل کے ذریعہ بڑی حد تک ختم کر دیا ہے۔

شاعر بھی ایک شہری ہے اور وہ بھی زندگی کی دوڑ دھوپ میں کسی سے پیچھے نہیں رہنا چاہتا، اسی لیے ایک معمولی شہری کی طرح اس کی زندگی میں بھی خلفشار ذرا ذرا سی باتوں سے پیدا ہو سکتا ہے۔ شاعر نسبتاً عام افراد سے زیادہ حساس اور جذباتی ہوتا آیا ہے۔ اس لیے فن کے لوازمات کی روشنی میں اور زندگی کی ترجمانی کے خیال سے وہ ایسے موضوع کو بھی نظم کرتا ہے جس کی صرف لمحاتی اہمیت حاصل ہوتی

ہے۔

مارکس نے کہا ہے، "آدمی کا شعور اس کی زندگی کے حالات کا فیصلہ نہیں کرتا بلکہ زندگی کے حالات اس کے شعور کی راہ تیار کرتے ہیں۔" مارکس نے جرمن آئیڈیالوجی کی بحث میں زندگی اور فرد کے اس رشتہ کے متعلق کہا ہے کہ "ہمارے سامنے انسانی افراد اپنی حقیقی زندگی کے روپ میں آتے ہیں اور ان کا شعور چلتے پھرتے آدمیوں کا اپنا شعور ہوتا ہے۔" اس لیے بجائے اس کے کہ کسی شاعر کے کلام کی کچھ مثالیں دے کر ہم اپنے طور پر اس کے متعلق کوئی فیصلہ کرلیں یا اس پر کوئی لیبل چپکا دیں، یہ دیکھنا چاہئے کہ شاعر، اس کا شعور اور اس کے شعور کی پیداوار۔۔ کلام شاعر زندگی کے کن خیالات کا نتیجہ ہیں اور کس حقیقت کو کس طرح پیش کرتا ہے؟ مواد کی اہمیت اس دور کی ترقی پسند شاعری میں اولیت کا درجہ رکھتی ہے اور مواد کی بحث تمام سیاسی اور سماجی مسائل کا احاطہ کرتی ہے لیکن شاعر اپنی نظم کے لیے مواد منتخب کرتے وقت صرف افادیت کو ہی ضروری نہیں رکھتا بلکہ اپنی علمیت اور انداز فکر اور شخصیت کے مطابق عمل کرتا ہے۔

آج ترقی پسند شاعر نے زندگی کے بے شمار موضوعات کے بجائے چند مخصوص موضوعات کو اپنا شعار بنالیا ہے۔ زندگی میں اتنا تنوع ہے کہ اس سے منہ موڑ کر صرف چند گوشوں کو "حاصل شاعری" سمجھنا تنگ نظری کی دلیل ہے۔ ۴۸ء سے ۵۰ء تک ترقی پسند شاعروں کے ایک بڑے گروہ نے شاعری میں یکسانیت پیدا کر دی تھی جو شاید "سیاسی ضرورت" کی وجہ سے پیدا ہوگئی تھی۔ سیاسی شاعری میں توازن کھو دینے کے علاوہ اور بھی "خطرات" در پیش رہتے ہیں، اس لیے کہ شاعر

کسی سیاسی مسئلہ پر کس نقطہ نظر سے روشنی ڈالتا ہے اور وہ نقطہ نظر کس مدرسہ فکر سے تعلق رکھتا ہے؟ یہاں پہنچ کر بحث مختلف سیاسی جماعتوں کی پالیسی کے حدود میں داخل ہو جاتی ہے۔

اس مقالہ میں اس بحث کو تفصیل کے ساتھ نہیں پیش کیا جا سکتا البتہ اتنا کہنا مقصود ہے کہ شاعر کی کسی جماعت سے وابستگی مفید ثابت ہو سکتی ہے اور ادبی تحریک کی فضا محدود بھی ہو جاتی ہے۔ شاعر بحیثیت ایک شہری ہونے کے کسی بھی۔۔۔ جماعت کا ممبر ہو سکتا ہے۔ لیکن ممبر ہونے کے بعد اس کی آزادانہ روش اور والہانہ انداز بیان ختم بھی ہو جاتا ہے اور وہ اس مخصوص جماعت کا ترجمان بن کر رہ جائے گا۔ جہاں تک میں سمجھتا ہوں کہ تخلیقی کام کرنے والوں کے لیے یہ پابندی بڑی مہلک ثابت ہو سکتی ہے۔ اس لیے کہ ڈپلومیسی کے تحت سیاسی جماعت کی پالیسی "برابر تبدیل" ہوتی رہتی ہے اور شاعر کو اپنے فن کو پالیسی کے مطابق استعمال کرنا ہو گا۔ اس صورت میں اس کے تخلیقی جذبے کی ہمہ گیری میں کمی آ جائے گی اور وہ پارٹی کی پالیسی کی فضا میں کھو سا جائے گا۔ پروفیسر ڈی پی مکرجی کو میرے اس خیال سے اتفاق ہے۔

اسی لیے مجھے اتنی اہم بات کہنے کی جرأت ہوئی۔ ان کا خیال ہے کہ جب تخلیقی آرٹسٹ اپنے کو کسی سیاسی جماعت کا پابند بنا لیتا ہے تو اس کی تخلیقی قوتیں بہت جلد ختم ہو جاتی ہیں اور وہ شاعر یا ادیب سے ایک "مدبر" بن جاتا ہے۔ شاعر کو کسی ترقی پسند جماعت کے ممبر ہونے سے ادبی تحریک کو فائدہ بھی پہنچ سکتا ہے۔ ممکن ہے وہ جس جماعت سے تعلق رکھتا ہے وہ وقت اور زندگی کی انقلابی قوتوں کی ترجمان ہو۔

اس سے شاعر کے موضوع میں وسعت اور انداز بیان میں بے باکی پیدا ہو جاتی ہے، وہ بین الاقوامی تحریکات کا ترجمان بن سکتا ہے لیکن ایک خطرہ لاحق رہتا ہے جس کا تجربہ ترقی پسند شاعری میں ابھی حال ہی میں ہوا ہے اور وہ یہ ہے کہ اس کا بھی امکان ہے کہ ملکی مسائل میں پارٹی کی پالیسی غلط ہو اور وہ بجائے انقلابی قوتوں کو تقویت پہنچانے کے شدید نقصان پہنچا سکتی ہے۔

مثلاً ۴۹ء میں ترقی پسند مصنفین نے (بمبئی میں) جو منشور پاس کیا، اس کی روشنی میں ترقی پسند شاعروں نے سنسنی خیز اور دہشت انگیز شاعری کا آغاز کیا اور اس شاعری کو انقلابی شاعری کا نام دیا گیا۔ اس کی وجہ آج سب کو معلوم ہے کہ ترقی پسند ادبی رہنماؤں نے کمیونسٹ پارٹی کی پالیسی کو ترقی پسند شاعری کا 'صحیح نقطہ نظر' سمجھ لیا تھا، جس کا لازمی نتیجہ یہ ہوا کہ شاعری میں موضوع اور انداز بیان کی یکسانیت کے ساتھ ساتھ فنی خوبیاں بھی زائل ہو گئی تھیں۔ شاعری سے حسن، موسیقی، نغمگی، تازگی، متوازن فرزانگی، شیریں دیوانگی اور سرشاری کی خوبیاں ایک نعرہ میں کھو گئی تھیں اور وہ سیاسی نعرہ غلط تھا اور زندگی کا ہم نوا نہیں تھا۔ سیاسی شاعروں کو صرف اس لیے مطعون کرنا کہ یہ کھلی ہوئی سیاست ہے بذات خود زندگی میں سیاسیات اور سماجی مسائل کی اہمیت سے بے خبری کی دلیل ہے۔

اعلیٰ درجہ کی شاعری خالص سیاسی شاعری ہو سکتی ہے یا نہیں؟ اس سوال کا جواب اتنا آسان نہیں جتنا آسان معلوم ہوتا ہے۔ اصل میں عظیم شاعری کا تصور بھی بدلتا رہتا ہے۔ میں ان ابدی جمالیاتی قدروں کو نہیں مانتا جو شاعری کو "معمہ" یا "دیوانے کا خواب" بنا دیتی ہیں۔ اس کے برعکس تاریخی زاویہ نظر کو بہتر سمجھتا

ہوں۔ اس لیے کہ تاریخی نقطہ نظر زیادہ سے زیادہ ابہام کے دور کرنے میں مدد دیتا ہے اور چونکہ مواد اور صورت کا تعلق ہماری سمجھ میں آجاتا ہے، اس لیے اس کے کیف میں پائندگی اور دوسری شعری خوبیاں مل جاتی ہیں لیکن سیاسی شاعری آج دنیا کی عظیم شاعری کے مقابلے میں نہیں پیش کی جاسکتی، کچھ تو اس وجہ سے کہ سیاسی مسائل کو فلسفیانہ انداز بیان اور شعری حسن کے ساتھ بہت کامیابی کے ساتھ پیش نہیں کیا گیا ہے، دوسرے نئے شاعر کی وسعت خیال کے باوجود فلسفہ اور دوسرے علوم سے بے خبری بھی "مورد الزام" ہوتی ہے۔

"انقلاب" کا تصور آج بھی شاعروں کے ذہن میں واضح نہیں ہے اور وہ ایک تبدیلی کے خواہاں ہیں اور بس۔ تغیر اور حرکت کے تصورات انسانی زندگی کے ارتقا میں مختلف روپ بدل چکے ہیں۔ اس لیے آج کی سیاسی شاعری انقلابی تصور کی حامل ہے لیکن بڑی اور عظیم شاعری اس لیے نہیں بن سکی کہ ابھی ترقی پسند شاعری تجرباتی دور سے آگے نہیں جاسکی ہے۔ سیاسی شاعری میں کسی پارٹی کی پالیسی کو نظم کر دینا ہی شاعر کے لئے "باعث فخر" ہوتا ہے۔ لیکن ادب اور زندگی کی قدروں کے طالب علم کی یہی جستجو رہتی ہے کہ وہ رنگارنگ زندگی کی تصویر دیکھ سکے، اس لیے سیاسی شاعری اگر اپنے لیے نئے رمز و کنایات نہیں پیدا کرتی اور بھونڈے لفظوں میں مطلب کی ادائیگی ہی کو سب کچھ سمجھتی ہے تو وہ اخباری شاعری بن کر رہ جاتی ہے۔

اس کے علاوہ سیاسی شاعری میں بڑی شدید یکسانیت ہوتی ہے اور انداز بیان میں تھوڑا ہی سا فرق ہوتا ہے۔ یہی اعتراض کلاسیکی شاعری کی "بے کیفی" پر لگایا

جاسکتا ہے۔ لیکن کلاسیکی شاعر اپنی پر وقار آواز، بلند آہنگ اور پر عظمت لب ولہجہ کے ساتھ فکری عناصر رکھتے تھے اور ترقی پسند شاعروں کی سیاسی شاعری زیادہ تریک رخی ہوتی ہے۔ مثلاً سردار جعفری اور کیفی اعظمی کی تقسیم ہند کے بعد کی نظمیں جنہیں "منظوم تقاریر" بھی کہا جاسکتا ہے۔ آج ترقی پسند شاعروں کو یہ سوچنا ہے کہ ان کی نظموں میں سیاسی جذباتیت اور سطحیت کیسے دور ہوسکتی ہے؟

اس سلسلہ میں یہ نکتہ بھی نکل آتا ہے کہ ترقی پسند شاعروں کا مخاطب کون سا طبقہ ہے۔ یہ مسئلہ بہت الجھا ہوا اور بحث طلب معلوم ہوتا ہے۔ لیکن شاعر کا سماجی شعور اور اس کے فن کی گہرائی اس کے کلام کو مختلف اور متضاد طبقے کے افراد تک پہنچاتی ہے اور یہ قاری کی سمجھ اور اس کے ماحول کے تقاضے پر منحصر ہے کہ وہ شاعر کے پیغام کو سمجھ سکے۔۔۔ شاعر اپنے سیاسی شعور اور طبقاتی سماج میں یقین رکھنے کے باوجود ایک سیاسی جماعت کے افراد تک اپنا پیغام محدود نہیں رکھتا بلکہ ان تمام انسانوں کے لیے اس کی آواز میں نغمگی اور سوزوگداز کے ساتھ فکری عناصر ہوتے ہیں جو اس طبقاتی سماج کی استحصال کی پالیسی، شہری آزادی پر پابندی کے خلاف ہیں۔ شہری حقوق اور مساوات کے خواہاں ہیں۔ بنیادی طور سے شاعر اپنا کلام ان لوگوں تک آسانی سے پہنچا سکتا ہے جو ادبی تحریکوں سے دلچسپی رکھتے ہیں اور نئے فلسفے اور مادی ترقیوں کے ساتھ نئے نغمے کو سننا اور سمجھنا چاہتے ہیں۔

ہندوستان میں ۱۴ فیصدی پڑھا لکھا طبقہ ہے اور مشکل سے ایک حلقہ شاعری کو فن کے لحاظ سے پڑھتا اور سنتا ہے۔ ترقی پسند شاعر کا اب تک سابقہ متوسط طبقے کے افراد سے رہا ہے جو ادبی سرگرمیوں میں تھوڑا بہت حصہ لیتا ہے اور اس کی آواز

ڈرائنگ روم سے لے کر کلرک کے کوارٹر تک پہنچتی رہتی ہے اور اس طرح سے ترقی پسند شاعروں کا مخاطب طبقہ متوسط طبقہ رہا ہے۔ یہ دعویٰ بالکل بے بنیاد ہے کہ ترقی پسند شاعروں کا کلام گاؤں اور دیہات تک پہنچ کر مقبول ہو چکا ہے۔ کلاسیکی شاعری بھی شہروں تک محدود رہی تھی لیکن اس کی عظمت سے اس لیے انکار نہیں کیا جا سکتا کہ اس وقت ادب کو عوام کے قریب لانے کا تصور ہی وجود میں نہیں آیا تھا۔ ایک لحاظ سے اردو کے ترقی پسند شاعروں کا پیغام اور بھی محدود ہو جاتا ہے۔ اس کی ایک اور وجہ ہے۔ وہ یہ کہ ترقی پسند شاعری کی یہ بڑی خامی رہی ہے کہ اس میں جمالیاتی پہلو اور موسیقی کا حسین امتزاج مشکل ہی سے مل سکتا ہے اور ہمارے شعرا کی آزاد نظمیں موسیقی، روانی اور شگفتگی سے بہت دور ہوتی ہیں۔

سیاسی شاعری سے میری مراد "خالص سیاست" نہیں ہے۔ اس لیے کہ یہ لفظ "خالص" ایلیٹ اور ازرا پاؤنڈ کی لغت کا ہے اور وہ اپنے کو خالص شاعر کہنے کے باوجود سرمایہ دار طبقہ کے مفاد میں شریک ہیں۔ ادب میں نظریے کا استعمال ہی ادبی قدروں کو ایک دوسرے سے منسلک کرتا ہے۔ ادب یا کسی اور شعبے میں نظریے کے معنی شعور ہوتے ہیں۔ اس سلسلے میں مجتبیٰ حسین کا مقالہ "ادب میں نظریے کا استعمال" بہت سی غلط فہمیوں کا ازالہ کر دیتا ہے۔ وہ ایک جگہ لکھتے ہیں، "ہر زمانے کا ادب شعوری یا غیر شعوری طور پر اپنے نظریات کے ماتحت وجود میں آتا رہا ہے اور ان نظریات کا اظہار کسی نہ کسی شکل میں کرتا رہتا ہے۔ جیسے جیسے زمانہ بڑھتا رہا، ادب بھی باشعور ہوتا گیا۔ دوسرے لفظوں میں نظریات کا اظہار نمایاں طور پر ہونے لگا۔"

آگے چل کر وہ اپنے مفہوم کو اور واضح کرتے ہوئے لکھتے ہیں کہ، "ادب میں نظریے کا استعمال پند نامے یا سیاسی، سماجی اور اخلاقی منشور کی صورت میں نہیں ہوا ہے اور نہ ہو سکتا ہے۔ اچھا ادب باشعور ہوتا ہے اور تلقین نہیں کرتا۔ نظریہ (ادیب) اس کے احساسات، جذبات، جمالیات حس اور سماجی ادراک میں گھل مل جاتا ہے۔۔۔ ایک زندہ اور متحرک صداقت میں تبدیل ہو جاتا ہے۔ یہی صداقت ایک شاعرانہ اور ادبی صداقت میں نمودار ہوتی ہے۔" (ادب لطیف جون ۵۲ء)

یہ اقتباس نظریے کی وضاحت کر دیتا ہے۔ یوں بھی ہومر، ڈانٹے، شیکسپیئر، گوئٹے سب نے اپنے ماحول اور کرداروں کے ذریعے سے اپنے عقائد، نظریات، محسوسات اور مختلف رجحانات کا اظہار کیا ہے۔ فردوسی اور انیس کے تمام کردار اپنے عقائد اور نظریات کا اظہار پورے "شاعرانہ جلال اور جمال" کے ساتھ کرتے ہیں۔ اس لیے ترقی پسند شاعری پر یہ "الزام" بے بنیاد معلوم ہوتا ہے کہ اس نے نظریات کا اعلان کیا اور اس طرح شاعرانہ خوبیوں کو ترک کر دیا۔ البتہ یہ کہنا درست ہوگا کہ ترقی پسند شاعری نے اب تک کوئی کارنامہ پیش نہیں کیا اور نہ کوئی بڑا شاعر ہی پیدا ہو سکا۔ اس کی وجہ صاف ہے کہ ترقی پسند شاعری ابھی ہنگامی دور سے آگے نہیں جا سکی ہے اور ہمارے شاعروں نے شعور، شعری خوبیوں اور فکری عناصر کے امتزاج سے کوئی عظیم نظم نہیں کہی ہے۔

مجھے پچھلے چند برسوں کی ترقی پسند شاعری پر یہ اعتراض ہے کہ شاعرں نے خاص کر سردار جعفری نے شاعری میں سیاسی نظریے کا استعمال بڑے جذباتی طریقہ سے کیا۔ دوسرے شعرا نے بھی فنکارانہ صلاحیتوں سے کام نہیں لیا اور

موسیقی، حسن، تازگی اور توانائی کا خوبصورت میل نہیں کر سکے۔ اس لیے شاعرانہ خوبیوں کو مجروح کیا۔ بات کو کہہ دینا اور زوردار انداز میں کہنا آسان مرحلہ ہے۔ اصل دشواری اور فن کی خوبی اسی وقت پیدا ہوتی ہے جب بات پر اثر انداز میں بھی ہو اور اس کے لیے شعری صداقت ساتھ ساتھ سلیقگی کی ضرورت پڑتی ہے پچھلے بحرانی دور کی نظموں کے موضوعات اپنی افادیت کے لحاظ سے بہت اہم ہیں لیکن شاعروں نے جو فارم اختیار کیا، وہ اس مواد کے لئے موزوں نہ تھا۔ الفاظ کی تکرار اسی وقت تک زور پیدا کر سکتی ہے جب موقع کے لحاظ سے استعمال ہو، یہ نہیں کہ پوری نظم میں چند ٹکڑوں کی تکرار ہی زور بیان کی "ذمہ دار" بنائی جائے۔

انتہا پسند شاعروں نے نظریے کے غلط استعمال سے ہیجان خیز شاعری کا آغاز کیا تھا، جس کو وہ "رزمیہ شاعری" کا نام دیتے تھے۔ یہ دور زمیہ شاعری کا نہیں ہے۔ اس مقالہ میں یہ طویل بحث تو ناممکن ہے لیکن اشارہ کر دینا ضروری ہے کہ ترقی پسند شاعروں نے طویل نظمیں لکھی تھیں جن کو میں "منظوم تقاریر" سمجھتا ہوں۔ شاعری کی ایک اور بھی خوبی ہے کہ بات اختصار اور پر اثر انداز میں کہی جائے۔ آج شعری ڈرامہ کا نہ تو رواج ہے اور نہ ہی ادبی تقاضوں سے ہم آہنگ ہو سکتا ہے۔ البتہ طویل نظم میں کسی دور کی مکمل ترجمانی کی جاتی رہی ہے اور یہ رسم آج بھی شعری دنیا میں پائی جاتی ہے۔ اس لیے میں اپنے کو یہ کہنے میں حق بجانب سمجھتا ہوں کہ پچھلے تین چار سال کی ترقی پسند شاعری میں اچھی اور خوبصورت نظمیں مشکل ہی سے مل سکیں گی۔ ممکن ہے کہ کوئی صاحب موضوع کے لحاظ سے اہم نظم تلاش کر لائیں لیکن جب اس نظم کی مجموعی تنقید ہو گی تو وہ اچھی نظم صرف موضوع

کی وجہ سے نہیں بن سکتی۔

قحط بنگال پر ترقی پسند شاعروں نے مصروع کا انبار لگا دیا ہے لیکن زیادہ تر نظمیں اہم ہیں۔ وجہ یہ ہے کہ ترقی پسند شاعر "روح عصر" کو نظم کر دینا ہی اصل شاعری سمجھتے رہے ہیں اور فن کی طرف بڑی لاپروائی برتی گئی ہے۔ موسیقی اور شاعری کا قدیم سمبندھ رہا ہے اور شعر محض موضوع کی افادیت کی وجہ سے خوبصورت اور بلند نہیں بن سکتا، اس کے لیے تمام شعری لوازمات، فکری عناصر اور سماجی شعور کی ضرورت پڑتی ہے اور بلند شاعری کے لیے یہ اجزاء لازمی قرار پاچکے ہیں۔

پچھلے دور میں ترقی پسند شاعری میں بحرانی کیفیت اور ہیجان نمایاں تھا۔ بحران کی تفصیلی بحث شروع کے حصے میں کی جاچکی ہے۔ یہاں ایک اہم نکتہ کو پیش کرنا ہے۔ وہ یہ ہے کہ تجرباتی دور میں دو خدشے رہتے ہیں۔ ایک گروہ فارم یا ہیئت کے تجربے کو اصل شاعری سمجھ کر سریت اور ابہام اور دوراز قیاس خیال کو نظم کرنے کے لیے کسی شعری پابندی کو لائق اعتنا نہیں سمجھتا۔ وہ بحر اور زمین اور شعری قواعد کے متعین اصول کو قابل عمل نہیں تصور کرتا اور ان پابندیوں کو اپنے تخلیقی جذبے کی راہ میں حائل سمجھتا ہے۔ جس کے نتیجے میں آزاد نظم میں موسیقی کی پابندی تک کو گراں خیال کیا گیا تھا۔ میراجی نے جدید شاعری میں اس رسم کی بنیاد ڈالی تھی۔ وہ ایک مصرعہ کئی لائنوں کا موزوں کرتے تھے۔ کیونکہ وہ ان کے ذہن میں اسی طرح آیا تھا اوہ اس کی تراش خراش کرنا اپنے تخلیقی جذبے کے اوپر پابندی خیال کرتے تھے۔

میراجی کے گروہ میں شاعروں کی تعداد زیادہ ہو گئی تھی۔ یہ وہ زمانہ ہے جب

دوسری جنگ عظیم شروع ہو چکی تھی اور اس حلقہ کو "ساقی" (دہلی) "کتاب" (لاہور) مل گئے تھے۔ یوسف ظفر، قیوم نظر، مختار صدیقی وغیرہ اس قبیلے کے اہم شاعر تھے۔ وجہ یہ ہے کہ ان شعرا کا علم اور شعور مختلف راہوں پر گامزن تھا اور وہ خالص شاعری کی دھن میں زندگی کی مثباتی میلانات کے ترجمان ہونے کے بجائے اپنے بیمار ذہنوں کی الجھنوں کو آزاد نظم کے فارم میں پیش کرتے تھے۔ یہ روایت مغرب سے چند "بیمار دانشوروں" کے ذریعے اردو شاعری تک پہنچی۔ سریت یا سریلزم اور دادازم مغربی یورپ کی ذہنی خلفشار کی ادبی تحریکیں تھیں۔ یہ جرمنی اور فرانس میں بڑی حد تک ذہن پرست حلقوں میں مقبول ہوئیں۔

عرصہ ہوا ایک نئی انگریزی شاعری کے نقاد اسکارف نے اپنی کتاب آڈن اور اس کے بعد میں "سریلزم کی بابت" کے عنوان سے ایک اچھا مضمون لکھا تھا۔ اس کا خیال ہے کہ یہ تحریک جنگ عظیم کے تباہ کن ذہنی اثرات کی پیداوار ہے اور فلسفیانہ شعور کی منفی ہی نہیں ہے بلکہ انفرادی ناآسودہ جذبات کی نکاس کا شعری ذریعہ بن گئی تھی جسے ادبیات اور زندگی سے کوئی تعلق نہ تھا۔ کریول ایلورڈ اور برتان فرانسیسی شعرا نے زندگی کے مادی تصور کے خلاف اس تحریک کی بنیاد ڈالی تھی جو آگے چل کر جنسی غلاظت میں ڈوب گئی۔ جدید اردو شاعری میں یہ تصور میراجی کے گروہ اور حسن عسکری کے طفیل آج بھی ایک ادبی حلقہ کی رہنمائی کر رہی ہے۔

اس وقت عام غلط فہمی یہ تھی کہ یہی ترقی پسند شاعری ہے جس کی وضاحت کے لیے سجاد ظہیر، احتشام حسین نے کئی مضامین لکھے اور ۴۳ء کے دوران میں

گرما گرم مباحثے ہوتے تھے۔ فارم کے تجربے کی فکر میں ان شعرا نے اشعار کا انبار لگا دیا تھا۔ میرا جی کی نظمیں، قیوم کی "قندیل" یوسف ظفر کی بیشتر نظمیں، مخمور جالندھری کی جنسی شاعری اور فکر تونسوی کے "ہیولے" تک میں اس تحریک کے واضح نقوش ملتے ہیں۔ اس لحاظ سے جدید شاعری میں بحرانی کیفیت تھی۔ اس لیے ترقی پسند نقادوں نے جدید شاعری اور ترقی پسند شاعری کے فرق کو واضح کیا اور ایک نمایاں لکیر کھینچ دی۔

دوسرا اگرہ ترقی پسند شاعروں کا تھا جس نے صورت گری سے بالکل مخالف سمت مواد پر ہی اپنی شاعری کی بنیادیں استوار کیں۔ ممکن ہے یہ ردعمل کی وجہ سے صورت اختیار کی گئی ہو لیکن بحران کی یہ بھی ایک وجہ ہے۔ تغیر اور حرکت کے تصورات کو ہضم کیے بغیر نظم کرنے سے شعری حسن اور خلوص کو چھو لینے کی کیفیت ار دوسرے محاسن شاعری میں پیدا نہ ہو سکے۔ سائنسی مجرد تصورات کو شعری قالب میں ڈھالنے کی کوشش کے لیے بڑی ریاضت اور فلسفیانہ شعور کے ساتھ شعری صداقت کی ضرورت ہے۔ آزاد نظم کے فارم میں صورت گری اور پھر موضوع یا مواد محض کی شکلیں ملتی ہیں۔ عرصہ ہوا "نئی دنیا پر سلام" پر تبصرہ کرتے ہوئے عزیز احمد نے "نیا دور" (بنگلور) میں لکھا تھا کہ سردار جعفری نے آزاد نظم کو عوام کے قریب کر دیا ہے۔ راشد کی بورژوائی آزاد نظم کے مقابل سردار جعفری نے جو فارم اختیار کیا ہے وہ زیادہ عام فہم ہے۔

یہ کہنا ایک حد تک ٹھیک ہے کہ سردار نے ترقی پسند شاعروں میں آزاد نظم کے فارم کو مقبول بنایا لیکن کہاں تک وہ خود اپنی شاعری میں موسیقی اور فکری

عناصر اور انقلابی لب ولہجہ کو بلند شاعری کا مرتبہ دے سکے ہیں؟ انہوں نے تفصیل سے ہر پہلو کو نظم کر دینے اور تکرار اور چند بندشوں کی گونج کو سب کچھ سمجھا۔ دوسرے شعری محاسن کو ترک کر دیا جیسے موسیقی، شعری سوز و گداز، متنوع اور رنگا رنگ تصویریں ان کی طول طویل نظموں میں نہیں ملتی ہیں۔ "خون کی لکیر" کی کئی طویل نظموں میں خطابت کا زور بیان ہے لیکن جذباتیت اور سہل نگاری کی مثالیں بے شمار ہیں۔ اس کے باوجود سردار جعفری نے جتنی جرأت سے یہ شعری تجربہ کیا ہے وہ یقیناً قابل تحسین ہے۔ ایک گروہ آرٹ کو حقیقت سے الگ کر کے تخلیقی بازی گری کا شکار ہو گیا اور دوسرا ترقی پسند شاعروں کا گروہ حقیقت اور آرٹ میں صحیح رشتہ نہ قائم کرنے کی وجہ سے توازن کھو بیٹھا تھا۔ افادیت ہی کو "روح شعر" سمجھ بیٹھے تھے۔

ہورڈ فاسٹ نے اپنی کتاب "ادب اور حقیقت" میں اس رشتہ کو بڑی اہمیت دی ہے۔ آرٹ اور حقیقت کو سمجھنے کے لیے رشتے کو متعین کرتے وقت بھی سماجی رشتوں کو ہی ذہن میں رکھنا نہ چاہئے بلکہ اس رشتے کو بھی جو انسان اور فطرت کے درمیان ہوتا ہے جس کا اظہار ایک طرف سماج کی بنیادی طریق پیداوار کی ٹکنیکل سطح ہوتا ہے تو دوسری طرف شعور کے میدان میں اور جس کا اظہار حقیقت کو سمجھنے اور زندگی کے مسائل حل کرنے میں ہوتا ہے۔ ممتاز حسین نے اپنے مضمون "شاعرانہ تخیل کی دنیا اور حقیقت" میں اس رشتہ کی مکمل وضاحت کی ہے۔ اس فارم اور مواد کے مسئلہ کی اہمیت ترقی پسند شاعری کے لیے آج بھی نہیں سمجھی جا رہی ہے۔ سردار جعفری نے انتہا پسندی کے باوجود کئی کامیاب نظمیں لکھیں لیکن

اور آزاد نظم لکھنے والے شاعر اتنا بھی نہ کر سکے۔ آج بھی آزاد نظم لکھنے والے شاعروں کے ذہن میں شاعرانہ تخیل اور حقیقت کا رشتہ الجھا ہوا تھا اور میں دوسرے اسباب کے ساتھ ادبی بحران کی ایک وجہ اس کو بھی سمجھتا ہوں۔

اس سلسلے میں آج کی انگریزی شاعری کا سرسری تذکرہ بھی ضروری معلوم ہوتا ہے۔ پروفیسر اے۔ سی پنٹو نے حال ہی میں "انگریزی شاعری میں بحران" کے عنوان سے ایک مفصل کتاب لکھ ڈالی ہے جس سے انگریزی شاعری کی معیاری پستی اور خلفشار کا اندازہ ہوتا ہے۔ انگریزی شاعری کی جڑیں بڑی مضبوط اور گہری ہیں۔ اس کے باوجود وہاں کے نئے شاعر فن اور شعور اور حقیقت کو منسلک نہ کر سکے جو نئی انگریزی شاعری کی ذہنی افلاس کی دلیل ہے۔ نئی انگریزی شاعری کے نقاد اے سی وارڈ نے پوئٹری ریویو میں شعری بحران کا ذکر کرتے ہوئے نوجوان شعرا کی فن سے لاپروائی پر بڑی کڑی تنقید کی ہے۔ نئے شعرا نے جنسیت، رہبانیت اور ابہام کی دلدل میں خود کو پھنسا رکھا ہے جس کی وجہ سے نئے شاعروں کی شاعری کی مقبولیت اتنی کم ہو گئی ہے کہ ان کا مجموعہ کلام تک شائع نہیں ہوتا۔

پہلی جنگ عظیم کے شاعر آڈن اور اسپنڈر "انفرادی آزادی" کے تصور کی آڑ لے کر یاسیت، ناکامی اور ابہام کی وادی میں چلے گئے ہیں۔ دوسرے اس گروہ کے شاعروں کو اپنی ذات اور اپنے طبقاتی مفاد سے اتنی فرصت نہیں ملتی کہ وہ "شاعرانہ جمود" کو توڑ سکیں اور اپنے ہی میں گم ہوتے جا رہے ہیں۔ امریکی شاعری کی اور بھی زبوں حالت ہے۔ ایلیٹ اور پاؤنڈ کی "خالص شعری" تحریک کی سرگرمیاں سرد ہوتی جا رہی ہیں اور ان کی شعری صلاحیت تاریکی میں گم سی ہو گئی ہے۔ سٹرڈے

ویویو آف لٹریچر کے ۱۱ جولائی ۴۹ء کے شمارے میں روبرٹ ہیلیر نے ایلیٹ اور اس کے گروہ کے بارے میں صاف صاف کڑی تنقید کی ہے۔ وہ لکھتا ہے، "ایلیٹ اور اس کی پارٹی لاٹن اور نئے جمالیاتی قدروں کے علم بردار، اصل میں "ادب برائے ادب" کو نئی شکل میں پیش کر رہے ہیں۔ شاعر اپنی ذاتی ناکامی، بزدلی اور بیمار ذہنیت کا مظاہرہ "خالص شاعری" کے روپ میں کر رہے ہیں۔"

ایک تیسرا گروہ ترقی پسند شاعروں کا ہے جو بہت کم گو ہے۔ فیض، مجاز، جذبی اور جاں نثار اختر اس گروہ کے خاص شاعر ہیں۔ گروہ سے یہ مراد نہیں ہے کہ ان شعرا نے کوئی گروپ بنا لیا ہے بلکہ بحث کی آسانی کے لیے میں نے ترقی پسند شاعروں کو دو حصوں میں تقسیم کر دیا ہے۔ ایک وہ شاعر جو آزاد نظم بھی لکھتے ہیں دوسرا گروہ جس نے اب تک آزاد نظم نہیں لکھی۔۔۔ فیض ترقی پسند شاعری میں ایک مرتبہ کے مالک ہیں۔ ان کی چند نظموں نے ایک نئے شعری اسکول کی بنیاد ڈالی ہے۔ رقیب، موضوع سخن، تنہائی، ہم لوگ اور 'سحر' اپنے موضوع اور شعری فضا کی حیثیت سے اعلیٰ درجہ کی نظمیں ہیں۔ انہوں نے ترقی پسند شاعری کو نیا لب ولہجہ اور سوز و گداز عطا کیا ہے۔ لیکن میں انہیں بھی بڑا شاعر نہیں مانتا، اس لیے کہ فلسفیانہ شعور اور فکری عناصر ان کے یہاں بھی بہت کم ملتے ہیں۔

دوسرے ان شعرا کو نیم رومانی بھی کہا جا سکتا ہے۔ ان شاعروں کے پاس اتنا محدود خزانہ تھا کہ وہ چند نظموں کے بعد خالی ہو گیا۔ مجاز اور جذبی بڑی حد تک خاموش ہیں۔ فیض نے البتہ جیل میں نئی نظمیں اور غزلیں کہی ہیں جن کی وجہ سے ان سے پھر ترقی پسند شاعری کو امیدیں وابستہ ہو گئی ہیں۔ فیض بہت مصروف قسم

کے شاعر ہیں۔ وہ ایک انگریزی اخبار کے ایڈیٹر بھی تھے۔ اس لیے انہوں نے شاعری کو "کبھی کبھی" کے خیال سے جاری رکھا تھا۔ مجاز اور جذبی کا خزانہ بہت جلد خالی ہو گیا۔ اس لیے نئے ترقی پسند شاعروں کے سامنے ایک یہ بھی مسئلہ ہے کہ آخر ہمارے شاعر اتنی جلدی تھک کیوں جاتے ہیں اور وہ خاموشی اختیار کر لیتے ہیں یا اپنے کو دہرانے لگتے ہیں جو اور بھی مہلک ہے۔ جہاں تک میں سمجھتا ہوں اس کی وجہ علمی سطحیت ہے۔ ترقی پسند شاعر علمی ریاضت اور اکتساب فن سے اپنا دامن بچائے رہتے ہیں اور ذہانت کے بل بوتے پر دو ایک اچھی نظمیں کہہ کر شاعری کو خیر باد کہہ دیتے ہیں۔

ایک اور اہم مسئلہ ترقی پسند شاعری کے سامنے درپیش ہے، یہ ہے عوامی شاعری کا مسئلہ، جو ترقی پسند شاعروں کے لیے دردِ سر بھی ہے اور مرہم بھی۔ ترقی پسند شاعر جس زبان میں اپنے نغمات اور افکار نظم کرتے ہیں اس کو سمجھنے اور پڑھنے کا بڑا محدود طبقہ ہے اور بعض حلقوں میں یہ محسوس کیا جا رہا ہے کہ عوام تک پہنچے کے لیے گیت کی زبان یا دیہاتی بولی استعمال کی جائے۔ اس صورت سے عوام کے سیاسی شعور اور سیاسی بیداری کو بڑھایا جا سکتا ہے۔ مجھے اس تحریک کی افادیت سے انکار نہیں ہے البتہ یہ ادبیت اور فن کے نظریے سے ادبی تحریک سے زیادہ سماجی اور سیاسی تحریک بن جاتی ہے۔ مختلف بولیاں شمالی ہند کے گاؤں اور دیہات میں رائج ہیں۔ پوربیہ دوہے اور برہے کی شکل میں نئے خیالات اور نئے سماجی اور سیاسی مسائل کو نظم کرنا اور سہل جذبات نگاری کے ذریعہ زیادہ سے زیادہ دور تک پہنچنا بڑا کارنامہ ہے۔

مجھے مشہور نقاد آل احمد سرور سے اس موضوع پر مفصل بحث کا موقع ملا تھا اور مجھے ان کی رائے سے بڑی حد تک اتفاق ہے۔ ان کا کہنا ہے کہ یہ ایک "مقدس تجربہ" ہے لیکن یہ ایک طرح سے نیچے لانا ہو گا۔ اس کے ترقی کے امکانات بہت ہیں اور اس نئے شعری تجربے سے اردو شاعری کو بہت کچھ مل سکتا ہے۔ میرا خیال ہے کہ اس کی ادبی اہمیت بہت کم ہے۔ اس لیے کہ بلند فکری خیالات کے لیے بولی میں الفاظ نہیں ملیں گے۔ دوسرے بولی کی شاعری کا دارومدار موسیقی پر ہوتا ہے اور موسیقی ہی سے گیت اور دوہے جنم لیتے ہیں، اس لیے گانے کا طرز اور انداز کی اہمیت معنویت پر فوقیت رکھتی ہے۔ فکری عناصر کا بوجھ مزاج نہیں سنبھال سکتا اور بہاؤ میں رکاوٹ پیدا ہو جائے گی۔

وامق جونپوری نے ایک طویل نظم ڈرامائی انداز میں لکھی ہے۔ اس نظم کے کئی حصوں میں شعری خوبیاں بھی ملتی ہیں لیکن مجموعی طور سے نظم بڑی ہلکی ہے۔ انہوں نے یہ نظم صرف دیہات اور گاؤں کی فضا کے لیے لکھی ہے اور بغیر موسیقار کے اس کی شعری خوبیاں اجاگر نہیں ہو سکتیں۔ یہ سوال بھی کہ شعری ڈرامے اپنے مقصد کو کہاں تک پہنچانے میں کامیاب ہوئے ہیں؟ اس لیے کہ آج ڈراموں کا رواج سنیما کی کامیابی کی وجہ سے بہت کم ہو گیا ہے اور آج کل ڈرامے اسٹیج کرنے کے لیے بہت ہی کم لکھے جاتے ہیں بلکہ یہ کہنا مبالغہ نہ ہو گا کہ زیادہ تر ڈرامے پڑھنے کے لیے لکھے جا رہے ہیں۔ انگلستان میں بھی شعری ڈراموں کا رواج کم ہو گیا ہے اور شعری ڈرامے تو ادبی دنیا سے غائب ہو گئے ہیں۔ آج وہ ڈرامے کامیاب ہو سکتے ہیں جن میں گانے اور گیت تو ہوں لیکن مکالمے نثر میں ہوں۔

ترقی پسند شاعری میں یہ تجربہ حال ہی میں شروع ہوا ہے اور اس کی کامیابی یا ناکامی کے بارے میں کوئی پیشن گوئی نہیں کی جاسکتی۔ اقبال اور جوش کی زبان پڑھے لکھے طبقے کی زبان ہے۔ حالی کا مسدس "ہندوستانی زبان" کے بہت قریب ہے۔ یوں تو میر و غالب کی چھوٹی بحر کی غزلیں عام فہم ہوتی ہیں لیکن ان سے پورا لطف اٹھانے کے لیے علمی اور ادبی پس منظر کی ضرورت ہے اور ہمارے 'سخن فہم" طبقہ سے آگے ان نازک خیالات کے گوشے نہیں کھلے ہیں اور شعری مذاق ابھی عام نہیں ہو سکا ہے۔ بظاہر موسیقی کو کون ایسا ہے جو پسند نہیں کرتا لیکن جہاں فن کا ذکر آیا وہاں دلچسپی کا خاتمہ شروع ہو جاتا ہے۔ اس سلسلے میں نظیر اکبر آبادی کی مثال ہمارے لیے اس مسئلہ پر کافی روشنی ڈالتی ہے۔

احتشام حسین کی کتاب تنقیدی جائزے میں نظیر اکبر آبادی کا ذکر ملتا ہے ورنہ مولانا محمد حسین آزاد نے انہیں شعرا کی فہرست سے خارج کر دیا تھا۔ لیکن انہوں نے بھی زبان کے مسئلہ پر کچھ نہیں لکھا ہے اور یہ ایک اہم سوال ہے کہ برج بھاشا یا پوربی ایک زبان کی حیثیت رکھتی ہے یا نہیں؟ البتہ انہوں نے ایک اہم نکتہ کی طرف اشارہ کیا ہے، وہ یہ ہے کہ ہمارے ذہن میں عوام کا تصور کیا ہے؟ بغیر اس تصور کی وضاحت کے اس مسئلہ پر کوئی قطعی رائے نہیں دی جاسکتی، اس لیے اس کو سمجھنا ضروری ہے۔ وہ لکھتے ہیں،

"بیسویں صدی میں عوام کے لفظ نے مفہوم کے اعتبار سے جو وسعت اختیار کر لی ہے اور سیاسی اصطلاح میں جن بیدار اور سیاسی سوجھ بوجھ رکھنے والوں کی طرف اس لفظ سے اشارہ ہوتا ہے، وہ نظیر یا اس وقت کے کسی شاعر کے ذہن میں نہیں تھا۔

نظیر کے یہاں عوام سے مراد تمام عام لوگ ہیں چاہے وہ پیشہ ور ہو یا کوئی اور۔۔۔"

آج عوام کا تصور بھی ایک بحث طلب مسئلہ ہے۔ جمالیاتی قدروں کے علم بردار عوام کے لیے ادب کو بنیادی طور سے غلط سمجھتے ہیں۔ ان کا خیال ہے کہ عوام کبھی اتنی نازک اور گہری باتوں اور شعری لطافتوں کو سمجھنے کے اہل ہو ہی نہیں سکتے۔ اس کی وجہ صاف ظاہر ہے۔ ان کے ذہن میں عوام کا تصور جاہل اور نابلد طبقہ کا آتا ہے اور وہ غیر شعوری طور سے طبقاتی سماج کی تعلیم اور اس کی برکتوں کو اپنے ہی تک محدود سمجھتے ہیں۔ جہاں تک میں سمجھتا ہوں عوام کا تصور کسی ایک طبقے کا خاص تصور نہیں ہے۔ لینن نے کہا تھا کہ کوئی فرد کسی ماحول میں پیدا ہونے سے اس طبقے کا نہیں ہو جاتا جب تک اس کا شعور اور عمل بھی اس کی نمائندگی نہ کریں۔ آج عوام کے خیال سے ذہن میں انسانوں کا ایک ہجوم گھوم جاتا ہے۔ متوسط طبقے کے افراد اور نچلے طبقے کے افراد کے علاوہ دانشوروں کا حلقہ بھی عوام کے تصور میں آتا ہے اور وہ تمام افراد جو بنیادی شہری حقوق اور جمہوری اصول اور ایک غیر طبقاتی سماج کا دھندلا سا بھی تصور رکھتے ہیں اور اپنے کو کسی نہ کسی طرح اس تحریک سے وابستہ رکھتے ہیں اور عوامی جمہوریتیں قائم کرنا چاہتے ہیں، عوام کے تصور میں آتے ہیں۔

بورژوا سوشیالوجسٹ ٹوائن بی نے سماج کو صرف دو حصوں میں تقسیم کیا ہے، جن کی بنیاد ذریعہ پیداواری کی ملکیت نہیں بلکہ ایک "تخلیقی اقلیت" اور وہ تمام افراد جو تخلیقی کاموں سے بہت دور ہیں اور رہنمائی کے ہر وقت "محتاج" رہتے ہیں۔ اس کا خیال ہے کہ اکثریت "نقش قدم" پر چلنا جانتی ہے اور رہ گذر کو بدلنا اور اس کی منزل متعین کرنا تخلیقی اقلیت کا کام ہے۔ اس کے ذہن میں تخلیق اور زندگی کے

رشتے الجھے ہوئے اور وہ سماجی تبدیلیوں اور تغیر کا غیر منطقی تصور رکھتا ہے۔ یہ بڑے بڑے عالم معاشی قدروں کی انسانی ارتقا میں اہمیت کو نظر انداز کر جاتے ہیں۔ طبقاتی آمیزش اور جدوجہد کے تیز دھاروں سے یہ مکمل بے خبری ان کے طبقاتی مفاد کو بے نقاب کرتی ہے۔

عوامی شاعری کا مسئلہ ابھی ابتدائی منزل میں ہے۔ شاعروں نے تجربے شروع کیے ہیں۔ گیت کو بھی صنف سخن قرار دیا جا چکا ہے اور عوامی شاعری کے بارے میں کوئی اصول واضح کرنے سے پہلے ترقی پسند نقادوں کو یہ دیکھنا چاہئے کہ وقت کے تقاضوں کو یہ نئے دوہے اور آلہا اودل اور روپک کہاں تک پورا کرتے ہیں۔ ابھی ان کی فنی نقطہ نظر سے جانچتے ہوئے ہمت افزائی اور نرم روی کی ضرورت ہے۔ ویسے اب تک تین گیت آج بھی ذہنوں میں گونجتے رہتے ہیں۔ وامق کا "بھوکا ہے بنگال" مخدوم کا "آزادی کے پرچم تلے" امر شیخ کا "نیا ترانہ۔" انہیں جو مقبولیت حاصل ہوئی ہے اس سے یہ بات صاف ہو جاتی ہے کہ اس شاعری کے ناقد اصل میں دیہات اور گاؤں کے وہ افراد ہیں جن کے لیے یہ نغمہ بنایا جا رہا ہے۔ اس مسئلہ پر کوئی قطعی بات نہیں کہی جا سکتی، جب تک کہ بولی اور دیہاتی گیت کے مسائل کو اچھی طرح نہ سمجھا جائے۔

ان مسائل پر سنجیدگی سے غور و فکر کرنے کی اشد ضرورت ہے۔ آج اعلیٰ درجہ کی شاعری کے لیے فلسفہ و تاریخ کے مطالعہ کے ساتھ ساتھ سائنٹیفک نظریہ حیات کی اہمیت بڑھ گئی ہے۔ فلسفیانہ گہرائی شاعری میں عظمت پیدا کرتی ہے۔ فلسفہ شاعر کے شعور کا جزو اور عملی زندگی کی صداقتوں کو نمایاں کرتا ہے۔ چونکہ فلسفہ بھی

ادب کی طرح معاشی بنیادوں ہی کے اوپر وجود میں آتا ہے اور فلسفہ اور تاریخ کے مطالعہ کو سائنٹیفک نظریہ سے سمجھنا ضروری ہے۔ سائنٹیفک نظریہ آج سائنس کے میکانکی تصور کا نام نہیں ہے بلکہ حالات کو تاریخی جدلیت اور مادی جدلیت کے اصولوں کی روشنی میں سمجھنے کی کوشش ہے۔ نئی سائنسی ایجادات نئی قدروں کو جنم لینے میں کہاں تک مدد دیتی ہیں۔ پروفیسر ویڈنگٹن (PROFESSOR WADDINGTON) نے اپنی کتاب SCIENTIFIC ATTITUDE (سائنٹیفک رویہ) میں اس مسئلہ پر بہت اہم باتیں کہی ہیں۔ ایک شاعر کو آج بڑی شاعری لکھنے کے لیے بڑی ریاضت اور اکتساب فن کے ساتھ زندگی کی بدلتی ہوئی قدروں کو سمجھنے کی ضرورت ہے۔

گر آج انسان اپنی محنت کے کارناموں، سائنس کی برکات سے فریب اور بشارت دونوں سے آزاد ہو کر مستقبل کا ایک بہتر یقین پیدا کر سکتا ہے تو کوئی وجہ نہیں معلوم ہوتی کہ شاعری نئے یقین سے ہم آہنگ نہ ہو۔ لیکن اس صورت میں اسے جذباتی تحریک کے ساتھ ساتھ ادراک کے طریق سے گزرنا ہو گا۔

٭٭٭

ترقی پسندی اور جدیدیت کی کشمکش

آج کی کشمکش انسانی زندگی کے سب سے مشکل مرحلے میں داخل ہو چکی ہے۔ یہ ٹوٹی ہوئی "قدریں" اور بکھری ہوئی "حقیقت" کی آویزش متضاد تصورات حیات کو توڑتی ہوئی خون کے ایک ایک قطرے میں سما گئی ہے۔ یہ خیر وشر کی، اشتراکیت اور سرمایہ داری کی، مکمل فرد اور پورے سماج کی کشمکش نہیں ہے بلکہ زندگی میں معنی کی تلاش اور مجروح شخصیت کی زخمی فکر کی آواز سے پیدا ہونے والی نئی جان لیوا کشمکش ہے۔ یہ سکون میں بے چینی اور اضطراب میں سکون کی جستجو سے آگے کی بات ہے۔ اب انسانی ذہن چھوٹے سورج کی چمک دمک سے متاثر ہونے والا نہیں ہے۔ آج کا ذہن روشنی میں تاریکی کی آمیزش کو تلاش کر چکا ہے۔

(۱)

اس منزل پر پہنچنے سے پہلے کی داستان قیامت کے روزوشب کی "لمحاتی کہانیوں" سے کم دلچسپ نہیں ہے، اس لیے اس کا دہرانا نامناسب نہ ہوگا۔

قدر کسے کہتے ہیں؟ ظاہر ہے کسی فلسفیانہ تصور کی ایک تعریف ممکن نہیں ہے چہ جائیکہ قدر کی۔ لیکن ہر زمانے میں مسلسل ناتمامی کے باوجود انسانی ذہن نے تعریف تلاش کرنے کی کوشش کی ہے اور یہ تعریف کی جستجو ہی "دائمی قدروں"

کے مفروضے کو رد کرنے کے لیے کافی ہے مگر رد کرنے کے بعد بھی فیصلہ دینے کی منزل دور ہی رہتی ہے، اس لیے کہ ایک طرف انسانی ذہن "دائمی قید حانے" سے بچنا چاہتا ہے تو دوسری طرف اکثر (ہمیشہ نہیں) عارضی کو دائمی کی صورت دینے کا خواہاں بھی رہتا ہے۔ جب تک ہم یہ "تضاد" نہیں سمجھیں گے، تصورات کی آویزش اور آمیزش کی داستان کے مرکزی خیال کو گرفت میں نہیں لا پائیں گے۔

ارتقا کے ماننے والے موجودہ کو پچھلے اور مستقبل کو موجودہ پر فوقیت دینے پر ایمان سا رکھتے ہیں اور اس تقابلی مطالعے کے لیے ایک ہی پیمانہ استعمال کرتے ہیں، وہ یہ ہے کہ آیا انسان پہلے سے بہتر ہے کہ نہیں اور انسان پہلے سے بہتر کیسے ثابت کیا جاسکتا ہے؟ معاشی حالات، سماجی ترقیوں اور زندگی کی بیشتر سہولتوں کے اعداد و شمار کے مطالعہ کے بعد یہ فیصلہ دیا جاتا ہے کہ انسانی ترقی کر رہا ہے اور دوسری طرف وہ لوگ ہیں جو ذہنی کرب، مہذب درندگی (جیسے ایٹم بم کی ایجاد اور استعمال) روحانی خلا۔۔۔ فاصلہ پر سائنس بڑی حد تک فتح پا چکی ہے مگر آدمی کے اپنے ہمسائے اور قریبی دوستوں تک سے فاصلے بڑھ گئے ہیں۔۔۔ قسم کی باتیں کرتے ہیں تو اکثریت انسان کے بارے میں کوئی حتمی فیصلہ دینے کے باوجود کچھ سوچتی ضرور ہوگی کیونکہ فلسفی ارسطو (جس نے تصور دیا تھا کہ آدمی عقلی حیوان Rational Animal ہے) سے کارل مارکس تک "انسانی عظمت" کے ترانے گاتے رہے ہیں شاید اسی لئے پروفیسر فنڈلے Findlay نے اپنی کتاب "ارادہ اور قدریں" میں ارادہ پر تفصیلی بحث کی ہے۔

یعنی ہم اکثر ارادے کو قدر کی صورت دیتے ہیں اور ہمارا ارادہ ایک طرف

شعوری خواہش کو عملی صورت دینا چاہتا ہے تو دوسری طرف اس کو معنی پہنانے کی کوشش اس خواہش کی نفی کرنے کے جذبے کو دبا دیتی ہے۔ اس طرح ہم نتیجے تک پہنچتے پہنچتے زندگی کو سیاہ اور سفید میں دیکھنے کی آرزو میں سیاہ و سفید کو الگ الگ کر دیتے ہیں۔ گلبرٹ رائل Gilbert Ryle (ذہن کے تصور کا مشہور مصنف) ارسطو کے "عقلی حیوان" کو منطقی طریقے سے پاش پاش کر دیتا ہے۔ یوں کہ انسان حیاتیاتی طور سے حیوان ہی کی ایک بہتر شکل ہے اور عقل جو اسے حیوانات سے بہتر بناتی ہے اس کے استعمال کے مختلف طریقے اسے (انسان) حیوان سے بدتر بھی بنا چکے ہیں اور بنا رہے ہیں۔ اس کے فوراً بعد سوال صحیح اور غلط کا آتا ہے یعنی عقل اگر صحیح طریقے سے استعمال کی جائے تو صحیح نتائج تک پہنچاتی ہے۔

اس مفروضے میں دو چھوٹے چھوٹے پر فریب لفظ ہیں۔ ایک صحیح استعمال اور دوسرا نتائج۔ اگر انسانی ذہن کی بناوٹ Mechanism کا پورا نا قابل تغیر علم ہو سکتا تو صحیح استعمال اور نتائج کی بحث کا حل بے حد آسان ہوتا مگر دشواری یہ ہے کہ ایک ہی مقصد کے حصول کے کئی راستے ہوتے ہیں اور یہی نہیں وہ ایک دوسرے کو کاٹتے ہوئے گزرتے ہیں، اس طرح ہم اس الجھاوے سے دوچار ہوتے ہیں جسے زندگی کی پیچیدگیاں کہا جاتا ہے مگر "مرض کی تشخیص" علاج کی طرف سب سے اہم قدم سمجھا گیا ہے۔ اس لیے اگر راستوں کے تصادم کو ختم یا کم کرنے کی کوشش کریں تو ایک طرح کی مفاہمت حاصل کی جا سکتی ہے۔

یہ بات یاد رکھنی چاہیئے کہ مفاہمت حاصل کرنے کے بعد جستجو کی لگن میں کچھ جذباتی کمی آجاتی ہے اور اس میں یہ نکتہ پنہاں ہے کہ "انتہا پسندی" ایک طرف

خیالات کو تندی بخشتی ہے تو دوسری طرف اسی "انتہاپسندی" سے عقائد کی جڑیں گہری اور مضبوط (بظاہر) ہوتی ہیں اور عقائد کی تشکیل میں اقدار کی بڑی کارفرمائی ہے۔ انتہاپسندی میں مفاہمت بے معنی معلوم ہوتی ہے اور یہ بھی کتنی بڑی سچائی ہے کہ مفاہمت کے بغیر زندگی ایک دن بھی نہیں "زندہ" رہ سکتی یعنی دو متضاد قوتیں ایک دوسرے سے برسرپیکار ہونے کے باوجود اگر اس خطرے سے آگاہ ہو جائیں کہ دونوں ختم ہو جائیں گی تو مفاہمت کو نہ صرف قابل قبول سمجھتی ہیں بلکہ بقا کا "واحد" راستہ گردانتی ہیں اوراس منزل پر پہنچ کر انسانی ذہن توازن کے مختلف معنی تلاش کرنا شروع کر دیتا ہے اور اس طرح زندگی ایک دائرے سے دوسرے دائرے میں فروغ پانے لگتی ہے۔

ہیگل نے اسی لیے جدلیات کا تصور پیش کیا تھا اور مارکس نے تاریخی جدلیات کا تصور یہیں سے لے کر نئے معنی پہنائے مگر مارکس نے بھی وہ زیادتی کی جو فلسفیوں (اکثر) نے بحث کو ختم کرتے ہوئے فیصلہ دینے کی دھن میں کی ہے یعنی ساری یا بیشتر تبدیلیوں کو معاشی اقدار کے اختیار میں دے دیا لیکن اس کے باوجود مارکس کی عظمت اس میں ہے کہ اس نے مزدوروں کو متحد کرتے ہوئے طبقاتی سماج کی نشاندہی کی تھی (یہ الگ بات ہے کہ خود اشتراکی ممالک میں نئے حکمراں طبقے نے جنم لے کر مارکس کے اس خواب کو بھی پاش پاش کر دیا جیسا کہ ملون جیلاس نے اپنی کتاب نئے طبقے THE NEW CLASS میں بڑی وضاحت سے بیان کیا ہے)

مارکس نے اپنے فلسفہ کو مکمل اور حرف آخر نہیں سمجھا تھا مگر جیسا کہ مذاہب کے پیروؤں نے کیا تھا کہ اپنے پیغمبر کے ایک ایک حرف کو حرف آخر سمجھا تھا اور

اس کے بغیر عقائد کی پختگی ممکن بھی نہ تھی اور نہ ہے، مارکسزم کے ساتھ بھی یہی رویہ کم و بیش ہوا اور سماج کو سمجھنے اور سمجھانے (جیسا کہ مارکسزم کا اولین تصور تھا) کے طریقوں کو عقائد کی شکل دے دی گئی تھی اور اس طرح "باغیوں" نے اپنے "خدا" (یعنی تاریخ) "پیغمبر" (سیاسی رہنما جو سب سے صحیح تفسیر کرے اور عوام کی رہنمائی کرے یعنی کارل مارکس، "خلیفہ" (جو اسی فلسفہ کو عملی صورت دے اور اپنے بعد آنے والے رہبروں کا سلسلہ قائم کرے جیسے لینن اور اسٹالن) "امت" (وہ عوام جو اس فلسفہ کو اپنا ایمان سمجھیں یعنی پرولتاری طبقہ) کی ترتیب کرلی اور پھر ملک ملک میں اقتدار کی جنگ نے نئے نئے رہنماؤں کو جنم دیا اور اشراکیت کا عالمی تصور بھی "قومیت" کی نذر ہو گیا۔

یعنی پتہ یہ چلا کہ سیاسی اقتدار نے اخلاقی اور سیاسی قدروں کی تشکیل میں سب سے نمایاں حصہ لیا ہے۔ اقتدار کو قائم رکھنے کے لیے مذہبی رہنماؤں سے لے کر سیاسی بازیگروں تک نے ہر قسم کے مظالم کو روا رکھا ہے اور انسانی تاریخ ایک معنی میں اقتدار کی جنگ کی تاریخ کہی جاسکتی ہے (صرف ایک ہی معنی میں۔)

قدر کو ایک خوبی، ایک احساس اور معاشی قوت کے مختلف ناموں سے یاد کیا گیا ہے۔ فلسفیوں نے بحث کی خاطر بنیادی اور فروعی اقدار کی تقسیم بھی رکھی ہے مگر جب تک یہ تسلیم نہ کیا جائے کہ دائمی اور اضافی قدریں ایک دوسرے کی ضد بھی ہیں اور ایک دوسرے کی جگہ بھی لے لیتی ہیں جیسے سچائی اگر دائمی قدر ہے تو صرف ایک معنی ہوں گے اور ہر حالت میں اس کی تلاش ہی انسانی زندگی کا مقصد قرار دیا جائے گا مگر ظاہر ہے کہ مذاہب تک نئی ترتیب کے قائل ہیں۔ اس طرح وہ مانیں یا

نہ مانیں لیکن حالات کی سخت گیری کے قائل ضرور ہو جاتے ہیں۔

بحث گھوم پھر کے وہی سوالات دہراتی ہے۔ ظاہر ہے کہ مارکسزم اس بات کو تسلیم نہیں کرتا کہ تاریخ ایک محور پر گھومتی رہتی ہے اور اس کو عقیدے کے طور سے ماننے والے بھی ثابت نہیں کر سکتے۔ اس لیے ہم بحث کی اس منزل میں داخل ہوتے ہیں جہاں مکمل سچائی بے معنی اور حقیقت یا حقائق کے ایک معنی کی جستجو بھی بے معنی معلوم ہوتی ہے۔ انسانی ذہن کا یہ تضاد ہی جدیدیت کی نشاندہی کرتا ہے، اس لیے کہ تشکیک ہی انسانی ذہن کی وہ خوبی یا خصوصیت قرار دی جا سکتی ہے جو ہر طرح کے عقائد کے پیچھے جانے کی سعی کرتی ہے اور معنی میں بے معنویت اور مقصد میں اقتدار کی جنگ کی چھپی پر چھائیاں ڈھونڈ لیتی ہے۔ انسانی زندگی کا سب سے بڑا DILEMMA یہ ہے کہ وہ یہ جانتے ہوئے بھی کہ "گوڈو" (GODOT) نہیں آئے گا، اس کا انتظار کرتا رہتا ہے اور اس طرح وہ کرب انگیز سلسلہ شروع ہو جاتا ہے۔۔۔ انتظار یعنی امید یعنی خوابوں کی تلاش اور ان کے حصول کی جدوجہد۔

اقتدار کی کشمکش ادبی دنیا میں ایک محرک بن جاتی ہے۔ چقماق کے ٹکراؤ سے چنگاری جنم لیتی رہتی ہے اور ایک طرف یہ کشمکش سوہان روح بن جاتی ہے تو دوسری طرف اسی کی وجہ سے ادبی تخلیقات میں جان بھی پیدا ہوتی ہے، اس لیے اقتدار کی کشمکش سے نجات حاصل کرنا تخلیق کے دائرے نکل کر نروان کی طرف پہلا قدم سمجھا گیا ہے جو شاید ہی کوئی فنکار حاصل کرنا چاہے گا۔ اس نروان کی آرزومندی خود اس کشمکش کو تیز تر کرتی رہتی ہے۔ اسی لیے جدید ذہن رومانیت اور جذباتیت کی شدید مخالفت کرتا رہا ہے کیونکہ رومانویت کشمکش کو ترک کر کے سکون کی متلاشی

رہتی ہے اور سکون کو حاصل حیات سمجھتی ہے۔ یعنی زندگی جو ایک معنی میں مسلسل کشمکش (اقدار یا آرزوؤں کی) کا ہی نام ہے، اس کا حاصل سکون قرار دیا جانا خود اسی متضاد جذبے کی ترجمانی کرتا ہے جسے انسانی رویے کے سماجی نام سے یاد کیا گیا ہے۔۔۔ مگر یہ دور تو اقدار کے پاش پاش ہونے اور اس خلا کا ہے جو انسانی زندگی میں پہلی بار در آیا ہے۔۔۔ اس کی کہانی آگے سنئے گا۔

(۲)

ترقی پسندی کی بھی "قدر" کی طرح مختلف اور متضاد تعریفیں ملتی ہیں مگر ان میں قدر مشترک جو رشتہ ہے اسے سماجی نظریے کی اولیت کہیے۔ ترقی پسندی اشتمالیوں کی جاگیر نہیں ہے مگر اس کا کیا علاج ہے کہ یہ اصطلاح بڑی حد تک ان ہی کے لیے استعمال کی گئی ہے اور اردو میں اس کا سب سے زیادہ استعمال ان سیاسی ادیبوں اور تہذیبی کارکنوں نے کیا ہے جو ترقی پسند تحریک سے کسی نہ کسی طرح وابستہ رہے ہیں۔

آج اس کے کٹر ماننے والے بھی اس بات سے انکار نہیں کر سکتے کہ اس تحریک کی ابتدا سے لے کر خاتمہ تک اسے ایک سیاسی پارٹی، ایک عظیم اشتراکی ملک اور ایک عظیم فلسفی کی پشت پناہی حاصل تھی اور رہے گی۔۔۔ پارٹی کمیونسٹ۔۔۔ ملک سوویت روس اور فلسفی کارل مارکس۔ لیکن اب مارکس کے فلسفہ سے زیادہ مختلف روسی اور چینی تفسیریں ہی احکام کا درجہ رکھتی ہیں۔ یہ تو ہوئی ترقی پسند تحریک کے بارے میں ایک بڑی موٹی سی بات مگر ترقی پسندی کے اجزائے ترکیبی کا تجزیہ کرنا ضروری ہے۔

ترقی پسندی فرد کو شہری سے الگ کر کے نہیں دیکھ سکتی، یہی نہیں ادب کو سماجی ترقی میں اسی طرح استعمال کرتی ہے جیسے سرمایہ دار مزدور کے استحصال سے اپنے کاروبار کو فروغ دیتے ہیں یعنی سماجی بھلائی اور بھلائی کیسے ممکن ہے، اس کا مکمل تفصیلی پروگرام پارٹی بناتی ہے اور اسے ادب میں عملی جامہ پہنانا ادیب کا کام ہے۔ (راجندر سنگھ بیدی نے اپنے خاکے "خواجہ احمد عباس" میں لکھا ہے سل (CELL) میں ادبی احکامات پہلے طے ہو جاتے تھے پھر انجمن ترقی پسند مصنفین کے جلسوں میں ان کو منوا لیا جاتا تھا۔)

ادب کے سلسلے میں ترقی پسندوں کا کیا رویہ رہا ہے؟ کبھی بھی آزاد خیال ادیبوں کو ہر طرح کے تجربات کرنے کا موقع نہیں دیا جاتا تھا یعنی کمیونسٹ اور کمیونسٹ دشمن دونوں طرف ادبی اداروں میں ایک ہی طرح کا رویہ کم و بیش اختیار کیا جاتا تھا اور ہے۔ دشواری تو اس وقت آتی ہے جب دونوں انسانیت کی عظمت کے ترانے گاتے ہیں۔ یہ بالکل اسی طرح ہے کہ ہر مذہب انسان کو "جنت گم شدہ" کی طرف واپس لے جانے کے لیے آیا ہے اور اس کے پیروا یک دوسرے کو قتل کر کے "جنت" حاصل کرنے کی کوشش کرتے رہتے ہیں، اس کی وجہ یہ ہے کہ ترقی پسندی ادیب کو ہمیشہ ایک شہری سمجھتی ہے ایک فرد نہیں جو سماجی قوانین کی پرواہ کیے بغیر لکھ سکتا ہے اور جس کا فن خود اس کی ذات کے جہنم میں فروغ پاتا ہے۔

ادیب کو کیا کرنا چاہئے، کے سلسلے میں مختلف ترقی پسندوں کے اقوال کا جائزہ لیا جا سکتا ہے۔ پروفیسر مجنوں گورکھپوری کی اس سلسلے میں بڑی اہمیت تھی اور سردار جعفری کی تاریخی دستاویز یعنی ترقی پسند ادب کا انتساب انہی کے نام کیا گیا تھا۔

مجنوں صاحب فرماتے ہیں، "ادب میں اگر واقعیت نہیں ہے یعنی اگر اس کی بنیاد ٹھوس حقیقتوں پر نہیں ہے تو وہ صالح ادب نہیں ہو سکتا۔" (چوتھی بار ۔۔۔ ادب اور زندگی ص ۱۸۴)

اور آگے چل کر واقعیت کی تفصیل گورکی کے حوالے سے پیش کی ہے۔ ملاحظہ ہو، "اشتراکی واقعیت کا فرض ہے کہ وہ انسان کو عمل کی حالت میں پیش کرے اور اس کا مقصد یہ ہو کہ انسان کے بہترین انفرادی میلانات کو اجاگر کرے اور ان کی ترقی میں مددگار ثابت ہو، تاکہ انسان قدرت کے سارے عناصر پر فتح پاکر اس کرہ زمین کی زندگی کو ایک پائے جو اس کی روز بروز بڑھتی ہوئی ضرورتوں کے مطابق خاطر خواہ بدل کر تمام بنی نوع انسان کے لیے ایک عظیم الشان مسکن بن جائے۔" (چوتھی بار ۔۔۔ ادب اور زندگی ص ۱۸۸)

مجنوں صاحب نے ٹھوس حقیقتوں کا استعمال تو کیا ہے مگر یہ نہیں فرمایا کہ یہ کیا ہیں اور ان کی جانکاری فرد خود اپنے تجربوں سے کرتا ہے یا کسی کی رہنمائی میں کی جاتی ہیں۔ دوسرے اقتباس سے یہ صاف ظاہر ہو جاتا ہے کہ "واقعیت" کا اظہار انسانی مسرت کی تلاش قرار پاتا ہے اور ادیب کا مقصد ان ہی جذبات اور خیالات کی ترجمانی کرنی ہے جو اس کے حصول میں معاون ثابت ہو سکتے ہیں۔۔۔ یہ کتنی عجیب بات ہے کہ ادب کو انسان کی مسرت کی تلاش کا ذریعہ سمجھتے ہوئے بھی ادب ک وصرف آلہ کار سمجھا گیا، تو گھوم پھر کر ادیب ایک بنے بنائے ہوئے راستے پر چلتا رہے اور کسی نہ کسی طرح اس دنیا کو جنت بننے میں مدد دیتا رہے ورنہ وہ صالح ادیب نہیں ہے۔ مجنوں صاحب تو کلاسیکی ادب کے بڑے رسیا ہیں اور وہ بھی وکٹورین

اخلاقی نظریات کے خاصے حامی نظر آتے ہیں مگر فراخ دل بھی ہیں اور ترقی پسند اور نئے ادب کے سلسلے میں بحثوں کو دو نسلوں (صفحہ ۲۱۱) کا جھگڑا سمجھتے ہیں۔ اسی کے ساتھ ایک جملے میں ترقی پسند ادب کی تعریف بھی کرتے ہیں، "ترقی پسند ادب سب کچھ ہے بے وقت کا راگ نہیں۔" (ادب اور زندگی ص ۲۱۱)

یعنی وقت کا راگ ہونا ہی ترقی پسندی ہے۔ ترقی پسندی کے اجزائے ترکیبی میں "وقت" کو بڑی اہمیت حاصل ہے اور وقت اسی تاریخ جدلیت کا ایک اہم حصہ ہے جسے مارکس نے تقریباً "خدا" یا نشو نما کی قوت کی جگہ استعمال کیا ہے۔ تقریباً میں نے اس لیے کہا کہ مارکس تنگ نظر نہ تھا اور آج ایرخ فرام نے اس کی اولین تحریروں سے "روحانی آدمی" بھی اس کے تصورات میں ڈھونڈ نکالا ہے۔ ظاہر ہے کہ مارکس کے "اصلی" پیرو یہ کبھی نہیں مان سکتے۔ سردار جعفری جنہوں نے ترقی پسند تحریک میں (LITERATY COMMISSAR) ادبی کمیسار کا رول ادا کیا تھا ان کا بیان ملاحظہ ہو، "جو چیز مفید نہیں وہ حسین نہیں ہو سکتی۔" 1 (پہلی اشاعت ترقی پسند ادب ص ۲۳)

"میری مراد حسین موضوع سے وہ موضوع ہے جس کے ذریعہ انسانوں کی زندگی کو خوبصورت بنایا جا سکے، جس کا کوئی سماجی مقصد ہو، اسے میں موضوع کی معنویت کہوں گا۔ معنویت حسین نہیں ہوگی تو موضوع حسین نہیں ہوگا اور موضوع حسین نہیں ہوگا تو ادب حسین نہیں ہو سکتا۔" (پہلی اشاعت ترقی پسند ادب ص ۷۵)

سردار جعفری نے یہ اس وقت لکھا تھا جب وہ انتہا پسندی کے عروج پر تھے۔

سردار جعفری کو شکست خواب کا احساس تو ہے مگر اس "المیہ" کے بیان کی جرأت نہیں ہے کہ کیسے "انقلاب کا شیش محل" پاش پاش ہو گیا ہے؟ کیسے سب سے اچھا اشتراکی اپنے اقتدار کو قائم رکھنے کے لیے ایک ظالم عیار بن گیا تھا؟ کیسے بے گناہ ادیبوں اور شاعروں کو نیست و نابود کر دیا گیا تھا اور کیا اشتراکی سماج میں کبھی بھی خیال و اظہار و بیان کی آزادی حاصل ہو سکتی ہے؟ جیسا کہ کسی نے کہا ہے "انقلاب سے نیاز مندی" تک کا سفر طے کر چکے ہیں لیکن ان میں پبلو نرودا (جس کا ان کی شاعری پر گہرا اثر تھا) کی طرح یہ کہنے کی جرأت نہیں ہے۔

اپنے راز کو افشا کر دو
پوری سچائی سے
تم اسے ضبط نہ کرو
کہیں یہ گھٹ کر سنگین جھوٹ نہ بن جائے
میں کسی اسٹیبلشمنٹ سے جڑا ہوا نہیں ہوں
میں کچھ بھی نہیں دے سکتا
میں اپنے مبہم نغمے ہی سے لو لگائے رہتا ہوں
میرے لئے یہی کافی ہے

(نظم "صداقت" کے آخری مصرعے۔ ایور گرین ریویو۔ دسمبر ۶۶ء)

ظاہر ہے یہ کہنے کے لیے صرف جرأت ہی نہیں فنکارانہ ایمانداری بھی چاہئے۔ ترقی پسندی انسانی زندگی کو "حسین سے حسین تر" بنانے کی کوشش میں تنگ سے تنگ تر کرتی گئی جیسا کہ مذاہب کے ساتھ حشر ہوا کہ وہ خدا کے بندوں کو

راہ راست پر لانے کے لیے آئے تھے مگر آہستہ آہستہ انسانوں پر اس کے دروازے بند ہوتے گئے اور یہ چھوٹی دنیا بہت سے چھوٹے چھوٹے فرقوں میں بدل گئی۔ مائیکل پولیانی نے اپنے مضمون "جدید ذہن" میں لکھا ہے، "یہ جدید ذہن کی تشکیک ہی کے حملے تھے جنہوں نے مسیحی اخلاقی آدرشوں کو کلیسا کی گرفت سے آزاد کرایا۔ انسان اور سماج کے نئے رشتوں کی جستجو کی۔" (انکومنٹر۔۔۔ مئی ۱۹۶۵ء)

مطلب صرف اتنا ہے کہ تشکیک ہی نے بیشتر اپنے سوالات کے ذریعے اقتدار کی موٹی موٹی زنجیروں کو توڑنے کی کبھی ناکام اور کبھی کامیاب کوشش کی ہے اور یہ جدید ذہن ہی کی برکت ہے کہ وہ انسانی ذہن کو ہر قید خانے سے (خواہ وہ سیاسی ہو یا مذہبی) نجات دلانے کی کوشش کرتا رہا ہے۔ "اشتراکی حقیقت نگاری" پر اب بھی غور کرنے کی ضرورت ہے کیونکہ اس لفظ کے استعمال نے نہ جانے کتنے ادیبوں کو روس، چین اور یورپی مشرقی ممالک میں جیلوں میں ڈال دیا تھا اور ان مظلوموں کی یاد کو زندہ رکھنے کے لیے یہ ضروری ہے کہ ہم اس کو اچھی طرح سے سمجھ لیں۔ والیری ازورف VALERY OZEROU نے اس کی پیدائش کی صحیح تاریخ بھی لکھی ہے (ازورف روسی رسالے QUESTIONS OF LITERATURE کا ایڈیٹر رہ چکا ہے۔)

"اس زمانے میں سوویت ادب پر (یہ زمانہ ۳۰ء کے بعد کا ہے) مباحثے ہوتے رہتے تھے۔ مختلف رایوں کا اظہار ۲۶ اکتوبر ۱۹۳۲ء کو گورکی کے فلیٹ میں اختتام پر پہنچا۔ اس روز اشتراکی حقیقت نگاری کے الفاظ پہلی بار سنے گئے جو منظور کر لئے گئے۔ یہ الفاظ استالین نے اس شام استعمال کیے تھے آرٹسٹ کے لیے اجتماعی فکر اور

تلاش کے مباحثے کا تاج ان ہی الفاظ کو عطا ہوا تھا۔"

ظاہر ہے یہ واقعہ ۱۹۵۸ء میں سوویت ادیبوں کو معلوم ہوا جبکہ استالین کی بت شکنی اپنے عروج پر تھی۔ کچھ ادیبوں خاص کر پاسترناک کو وہ الفاظ بھی یاد تھے جو الیگزینڈر وروانسکی ALAKZANDR VORONSKY نے ادیبوں کی پہلی کانفرنس میں کہے تھے۔

"وہ ایک ڈنڈا لے کر تمہارے سروں پر کھڑے رہنا چاہتے ہیں۔ جو دوسروں سے ذرا بھی بلند قامت ہوگا مارا جائے گا اور اسی ڈنڈے کی مدد سے تمہارے موضوعات، خیالات اور اسلوب تک کو احکام کے ذریعے مہیا کریں گے۔ مجھے اس دن سے خوف آتا ہے کہ چند برسوں میں ادب بھی اکاؤنٹ بک کی طرح بے رحم ہو جائے گا۔ ناول اور نظمیں ایک معین پیمانے کے ذریعے پیدا کی جائیں گی۔۔۔"

مگر کسی صاحب اقتدار ادیب یا شاعر نے حکمراں ادبی لائن کے خلاف چوں کرنے کی جرأت نہیں کی۔۔۔ حتیٰ کہ جارج لوکاچ بھی اس کے خلاف نہ لکھ سکا اور گوشہ نشینی کی زندگی گزارتا رہا۔۔۔ اور استالین کے انتقال اور بت شکنی کے بعد۔۔۔ اشتراکی حقیقت نگاری کے بارے میں اس نے بھی لکھا، "استالینی آرٹ میں آدمی ایک حقیقی شخص جو متضاد اضطراری کیفیتوں کا حامل ہے، کے بجائے ایک صفر بن گیا تھا جس کا ایک ہی حل ہوتا ہے۔ مختصراً استالین کے عہد اقتدار میں ایک غیر قلی کوشش کی گئی تھی کہ انسانی تجربے کے مرکباتی عمل کو روکا جاسکے۔۔۔" لیکن اس بت شکنی کے بعد بھی وہاں آج تک خاصی پابندیاں ہیں اور آئے دن ادیبوں اور شاعروں کو اقتدار سے ٹکرانا پڑتا ہے۔ یوری ڈائنل اور سیناوسکی آج بھی قید میں

پڑے ہوئے ہیں اور کتنے ہی نئے ادیب وشاعر جیل میں جانے کی تیاری کر رہے ہیں۔

اصل میں ترقی پسندی بھی ایک مکمل آدمی اور جنت کی سرخ تلاش ہے بالکل اسی طرح جیسے کہ دوسرے مذاہب کے ادیبوں نے سب سے اچھے انسان بننے کے نسخے پیش کیے تھے اور اس لیے دونوں میں ایک قدر مشترک ہے۔ دونوں انسان کو حیوان (ایک سیاسی اور دوسرا مذہبی معنوں میں) کے تصور میں دیکھتی، پرکھتی اور پسند کرتی ہیں۔ سماج مرد معقول کو ادیب وشاعر پر فوقیت دیتا ہے۔ میرا ناچیز خیال یہ ہے کہ معقول (MEDIOCRE) کا ترجمہ ہے اور سماج کبھی سرکش، پاگل، منکر، صوفی، رند، بیٹنک، غصیلے اور اس طرح کے لوگوں کو پسند نہیں کر سکتا جو کہ اکثر و بیشتر ادیب، فنکار، شاعر، مصور اور سنگ تراش ہوتے ہیں۔

لیکن ابھی ترقی پسندی کی بحث کچھ اور سوالات کے روبرو ہے۔ "ادیب" (شیام لال) نے ۲۹ مارچ ۱۹۵٦ء کے "ٹائمس آف انڈیا" میں ایک نہایت فکر خیز مضمون لکھا تھا۔ اس کے اقتباسات دینے کو دل چاہتا ہے، اس لیے بھی کہ اس وقت تک جارج لوکاچ، ایلیا اہرن برگ وغیرہ نے استالین کے بارے میں کھلم کھلا لکھنا نہیں شروع کیا تھا۔ شیام لال کے مضمون کا عنوان تھا، "کچھ اور سوالات۔" میں صرف چند سوالات کے حوالے دے رہا ہوں۔

(۱) کیا آپ مہربانی کر کے یہ بتائیں گے کہ تاریخی ضرورت کیا ہے، کا فیصلہ کون کرتا ہے؟ کیا اس فیصلے میں ایک فرد کی بات بھی سنی جاتی ہے؟

(۲) ہر اخلاقی اور نظریاتی (IDELOGICAL) اوپری ڈھانچے کی سماجی

بنیاد ہوتی ہے۔ کیا مجھ سے اتفاق کریں گے کہ شخصیت پرستی (PERSONALITY CULT) اور پارٹی کی بے خطائی (INFALLIABILITY) بھی ایک طرح کے اوپری ڈھانچے ہیں یا ان پیڑوں کی جڑیں ہوا میں معلق ہیں؟

(۳) آپ نے کہا تھا کہ مارکسزم ایک طریق کار (METHOD) ہے عقیدہ نہیں لیکن دوسرے ہی لمحے آپ یہ بھی کہتے ہیں کہ ایک وقت میں ایک ہی مارکسی تفسیر صحیح ہوگی۔۔۔؟ تیس سال کی تنگ نظری بدعت قرار دی گئی ہے۔ کیا آپ یقین رکھتے ہیں ایک وقت میں سچائی کے ایک ہی معنی ہوں گے جسے اکثریت اور پارٹی پیش کرتی ہے؟

(۴) کیا لینن بھی اپنے مخالفین سے ہمیشہ اچھا برتاؤ کرتا تھا جیسے روز الکزمبرگ 2 سے؟ کیا آپ ایمانداری سے یہ یقین رکھتے ہیں کہ بہتان کی یورش کے دوران ایماندارانہ بحث جاری رکھی جاسکتی ہے؟

(۵) آپ نے کہا تھا کہ اشتراکی سماج میں یاسیت کے لیے کوئی جگہ نہیں ہے۔ جب بھی کوئی شاعر حالات سے تنگ آکر خودکشی کرتا تھا اسے PETTY BOURGEOIS کہہ دیا جاتا تھا۔ فیدایوو (FADA YOU) ایسے جری ادیب نے کیوں خودکشی کی؟ کیا اس کا ضمیر کسی جرم کی وجہ سے ملامت کرتا تھا؟

(٦) کیا ادیب وہ لکھے جو وہ خود دیکھتا، محسوس کرتا اور سمجھتا ہے یا پارٹی اس کی طرف سے سوچے؟ ہنگری کے ادیبوں کے صدر (یہ جماعت غیر قانونی قرار دے دی گئی تھی اور اس کے صدر کا بھی ابھی تک پتہ نہیں ہے مگر اس نے گرفتار ہونے

سے پہلے وہ باتیں کہی تھیں جس نے آزاد خیال ادیبوں کی ہمیت افزائی کی ہے) پیٹر ویرس (PETER VERES) نے کہا تھا، "کسی ادیب کو زبردستی اس کی مرضی کے خلاف غلط بیانی پر مجبور کرنا غیر انسانی فعل ہے۔۔۔"، "کیا یہ فعل ایک مدت تک جاری نہیں رکھا گیا؟"

میں نے یہ سوالات اس لیے دہرائے ہیں کہ ان کو یاد رکھنا بے حد ضروری ہے اور خاص کر ایک ایسے ملک میں جہاں کسی نہ کسی کی پرستش ہوتی رہتی ہے۔ دوسرے یہ سوالات انسانی ذہن کے اس (DILEMMA) کو پیش کرتے ہیں جو اقتدار کی کشمکش سے پیدا ہوتا ہے۔

(۳)

جدیدیت انسان کو ایک فرد سمجھتی ہے۔ لاشعور اور شعور کی آویزش کو زندگی کی دلیل اور شخصیت کے پروان چڑھنے کا ذریعہ سمجھتی ہے۔ جدیدیت ایک طرف اقدار کے قدیم پیمانوں کو رد کرتی ہے تو دوسری طرف ذاتی تجربے اور جستجو کو لبیک کہتی ہے۔ وہ انسان کو خارجی حالات سے ٹکرانے پر اس لیے نہیں اکساتی کہ وہ ایک جیل سے نکل کر دوسری جیل میں چلا جائے بلکہ وہ سرکشی کو مفاہمت پر فوقیت دیتی ہے۔ وہ شہری کے رول اور شاعر کے "منصب" میں فرق کرتی ہے۔ وہ ادب کو سماجی بہبودی کے استعمال کے لیے نازیبا قرار دیتی ہے، اس لیے کہ شاعری اپنی ذات کا اظہار سماج کی اصلاح کے لیے نہیں کرتا۔ جدیدیت زبان کو سماجی اظہار کا ذریعہ سمجھتی ہے لیکن شاعری کے لیے علامتوں، امیجری اور لفظوں کے نئے معنی ومفہوم پر زور دیتی ہے۔ اس طرح وہ شاعری کو خطابت اور رہبری دونوں سے بچاتی ہے۔

جدیدیت نے دنیا کو جنت ارضی بنانے کا بیڑا اٹھا کر "جہنم" نہیں بنایا ہے جیسا کہ ترقی پسندی نے کیا ہے۔ جدیدیت "تعمیر اور تخریب" کی پر فریب اصطلاحوں کو رد کرتی ہے، وہ ادب کو سب سے پہلے ذات کا آئینہ دار قرار دیتی ہے لیکن ذات کو حرف آخر نہیں سمجھتی اس لئے کہ جدیدیت "حرف آخر" کی سرے سے قائل نہیں۔

اقتدار کی کشمکش میں وہ ایک پیمانے کو رد کرکے دوسرے کی قائل نہیں ہے۔ اسی لیے جدیدیت ذہن کو "مکمل" آزاد رکھنے کی خواہاں رہی ہے اور اسی بے مکمل آزادی کی خواہش نے فرد کو اپنے سماج میں کبھی اجنبی (OUT-SIDER) بنایا ہے، کبھی سرکش REBEL (کاموکے معنی میں) اور آوارہ (ٹریمپ TRAMP) وہ انسان کی روحانی، معاشی اور ذہنی اقتدار کی کشمکش کو سمجھنے کی کوشش کو لائق اعتنا سمجھتے ہوئے بھی پوری انسانیت کو ایک بار یا کئی راہ عمل کے نسخے دینا نہایت احمقانہ حرکت سمجھتی ہے۔ مگر یہ تو اس وقت کی کہانی ہے جبکہ اقتدار کی کشمکش شدید تھی اور آج جبکہ (IDEOLOGIES) نظریات کی موت ہو چکی ہے اور بقول اندرے مالرو، "کل کا مؤرخ آج کے دور کے بارے میں لکھے گا تو حیران ہو جائے گا کیونکہ آج دایاں دائیں جگہ پر نہیں ہے، بایاں بائیں جگہ پر نہیں ہے۔ یہی نہیں مرکز ہی بیچ سے غائب ہے۔" (آبزرور۔ ۵ فروری ۱۹۶۷ء)

یعنی سرخ رنگ سرخ نہیں ہے گہرا گلابی ہے اور اس کے اندر جانے کون سا رنگ چھپا ہوا ہے۔۔۔ یہ زندگی کو سفید و سیاہ رنگوں میں دیکھنے کا سلسلہ ہی ختم ہو گیا اور اس طرح انسانی ذہن "قیامت کے بعد" والے دور میں داخل ہو چکا ہے۔

(۴)

اردو کی جدید شاعری کا آغاز تو میراجی اور ن۔ م۔ راشد سے ہوا تھا مگر جلد ہی یہ ترقی پسند شاعری سے ٹکراؤ کی وجہ سے پنجاب کے حلقہ ارباب ذوق کے شاعروں تک محدود ہو گئی اور میراجی جدید شاعری کی ایک علامت بن کر رہ گئے جو بڑے ارمان لے کر اردو شاعری کے صدہا سال کے نسخے کو بدلنے آئے تھے مگر زبان و بیان میں تھوڑی بہت تبدیلی کر کے ہی سدھار گئے، یہی نہیں جنسیت پر غیر ضروری زور دے کر انہوں نے جدید شاعری کے حلقے کو بھی محدود کرنے کی بھی بھول کی تھی (خیر اب تو یوسف ظفر نے انہیں خواب میں دیکھا ہے کہ وہ حج تک کر آئے ہیں اور یوسف ظفر نے ان کی نجات کی دعا بھی مانگی ہے، یہ باتیں شاہد احمد دہلوی کے مضمون میں دیکھی جا سکتی ہیں، انہیں بھی اب پاکستانی بنا کر "ثناء اللہ" کر لیا گیا ہے اللہ اللہ خیر صلا۔۔۔)

مگر یہ ایک اہم بات ہے کہ میراجی نے ارادی طور سے تنہا جنگ کی تھی۔ ان کی شکست میں آزاد نظم کی (ایک مختصر عرصے کے لیے سہی) عارضی شکست پنہاں تھی۔ میراجی نے اپنی شاعری کو فرائڈ کے صرف ایک اہم پہلو تک محدود رکھ کر جدید شاعری کو "جنسی امراض" کی روداد بنا دیا تھا۔ اس کے باوجود اپنے لب ولہجہ، علامت اور امیجری کی وجہ سے ان کا اثر ترقی پسند شاعری کے زوال کے بعد تیزی سے پھیلا اور جدید شاعری نئے احساس سے دوچار ہوئی اور وہ احساس صنعتی تہذیب کے رد عمل، سیاسی نظریات کے خلاف اور سب سے بڑھ کر شاعر کی شخصیت کے آزادانہ اظہار میں نمایاں ہوا۔

ستم ظریفی تو یہ ہے کہ میراجی کے خاص مقلد آج کی جدید شاعری سے خاصے نالاں ہیں۔ یوسف ظفر، قیوم نظر اور مختار صدیقی تو شعری اثر کے معنی میں ختم ہو چکے ہیں اور پنجاب کا نیا شعری حلقہ دو حصوں میں بٹ گیا ہے۔ ایک کے ترجمان ڈاکٹر وزیر آغا ہیں اور دوسرا افتخار جالب کے زیر اثر ہے۔ افتخار جالب "نئی لسانی تشکیل" کے علم بردار ہیں۔ وہ اردو کی شعری زبان کو یکسر بدلنے کے خواہاں ہیں مگر ان کی بیشتر کوششیں انتہا پسندی کے دوسرے سرے کی باتیں ہیں۔ اس کے باوجود ان کے تجربات وزیر آغا اسکول سے زیادہ توجہ طلب ہیں۔ ڈاکٹر وزیر آغا جدید شاعری کو بے ضرر بنانے کی کوشش میں "اوراق" مرتب کر رہے ہیں اور وہ چاہتے ہیں کہ سربر آوردہ لوگوں سے خراج تحسین بھی حاصل ہوتا رہے اور جدید شاعری کی گفتگو بھی ڈرائنگ روم میں ہوتی رہے۔

حیرت تو یہ ہے کہ "جدید شاعری" کو ان راہوں سے گذارنا چاہتے ہیں جن پر ان کے ساتھ قدیم شاعر بھی چل سکتے ہیں، ان موضوعات (جیسے ابلاغ کا مسئلہ، اقدار کی کشمکش) پر نہایت عالمانہ گفتگو کی جاتی ہے کہ جیسے یہ بھی تعلیمی مسئلہ ہے اور تھوڑی بہت تبدیلی کے بعد "جدید شاعری" کا یہ طوفان ختم ہو جائے گا۔ سب لوگ خوش ہوں گے کہ "دیکھو ہم طوفان سے کیسے بچ گئے۔"

آج اردو رسائل میں جدید شاعری کی بحث زوروں سے جاری ہے گو کہ جدید شاعروں کے پاس کوئی اپنا ترجمان نہیں ہے مگر چند رسائل جیسے "کتاب" اور "شب خون" کے صفحات اس بحث کو اس کشمکش سے دوچار کرنے کی کوشش کر رہے ہیں جس میں جدید ذہن مبتلا ہے۔ ہندوستان میں اس بحث کا آغاز محمود ایاز کے دو ماہی

رسالے "سوغات" سے ہوا تھا مگر "سوغات" کے بند ہونے کے بعد یہ بحث "عام وبا" کی صورت اختیار کر رہی ہے حتی کہ ترقی پسند مجلہ "گفتگو" کے گلابی صفحات بھی اس میں "ملوث" نظر آتے ہیں۔

اس سلسلے میں آل احمد سرور صاحب کے دو مضامین کا ذکر ضروری معلوم ہوتا ہے۔ سرور صاحب ہندوستان کے واحد اہم ناقد ہیں جو جدید شعری رجحانات کی حوصلہ افزائی کر رہے ہیں۔ یہ ضروری نہیں ہے کہ ان کے خیالات سے اتفاق ہی کیا جائے مگر یہ اعتراف ضروری ہے اس لیے کہ سجاد ظہیر اور سردار جعفری اپنی زنگ آلودہ بندوقیں ان کی طرف پھیر چکے ہیں اور انہیں نشانہ بنایا جارہا ہے تاکہ جدید شاعروں کو یہ 'حوصلہ افزائی' بھی نہ مل سکے۔ گو کہ میں ذاتی طور سے سمجھتا ہوں کہ جدیدیت کو کسی "سرپرست" کی ضرورت نہیں پھر بھی سرور صاحب کی یہ ہمدردی قابل قدر ہے۔ انہوں نے اپنے مضمون "نظم کی زبان" میں لکھا تھا، "ہمیں بحروں، قافیے، ردیف، مروجہ اصناف سخن کی شکنجہ بندی وغیرہ سے خاصا آزاد ہونا پڑے گا۔۔۔" (ہماری زبان ۲۲ جون ۱۹۶۶ء)

اور اس کی اشاعت کے بعد ہی سے ترقی پسندوں نے انہیں اپنا "حریف" گردانا شروع کر دیا تھا۔ ان کا دوسرا مضمون "کتاب" ۶۷ء کے سالنامہ میں شامل ہے۔ مجھے اس سے خاصا اختلاف ہے۔ اس کا تفصیلی جائزہ لینا ضروری سمجھتا ہوں۔ یوں تو یہ مضمون بھی ان کی متوازن شخصیت کی آئینہ داری کرتا ہے مگر آج توازن کی تلاش سے زیادہ اس معرکہ آرائی کو پیش کرنے کی ضرورت ہے جو سوہان روح بنی ہوئی ہے۔

"اس نئے ادب یا نئی شاعری کے دو موڑ فوراً دکھائی دے جاتے ہیں۔ ایک ترقی پسند شاعری کا ہے جس کا شباب بیسویں کی چوتھی دہائی میں نظر آتا ہے اور پھر یہ شاعری اپنا تاریخی رول انجام دینے کے بعد انحطاط پذیر ہو جاتی ہے۔"

اتنا جان کر ترقی پسند ادیب و شاعر۔۔۔ اگر بہت خوش نہیں تو کچھ زیادہ خفا بھی نہیں ہوں گے گو کہ یہاں پر "امید" کی فراری شاعری پر سخت تنقید کی ضرورت تھی۔ "نظم کی زبان" میں سرور صاحب نے اشارتاً ہی سہی مگر پارٹی والی شاعری پر تنقید کی تھی۔ مگر اس وقت "جدیدیت" پر جارحانہ حملے تیزی سے ہو رہے ہیں اور "گفتگو" اور "حیات" (واہنی کمیونسٹ پارٹی کا ترجمان) اس میں پیش پیش ہیں۔ اسی مضمون میں آگے چل کر یہ جملے آتے ہیں،

"پرانے موضوعات کو جس طرح تازگی اور نیا پن عطا کیا جا سکتا ہے یا ان میں انفرادی احساس کی آنچ آسکتی ہے بالکل اسی طرح نئے احساس میں نئے پن کے حقیقی وجود کی بجائے خود نمائی محض مختلف ہونے کا جذبہ یا ایسے جذبات کی نمائش بھی ہو سکتی ہے جو محض بغاوت کی وجہ سے مغرب کی تقلید میں ہو سکتے ہیں یا ان میں ریاض کی کمی یا چونکانے کا جذبہ بھی ہو سکتا ہے۔"

مندرجہ بالا سطور میں "حقیقی وجود"، "محض مختلف"، "محض بغاوت"، "مغرب کی تقلید" کے الفاظ استعمال کیے گئے ہیں۔

(ا) کیا بحث حقیقی وجود کے مختلف اور متضاد معنی کو سامنے نہیں لائے گی اور اسی طرح محض بغاوت اور تقلید۔۔۔ تو اس کے لیے گزارش ہے کہ اظہار و بیان کے جو نئے تجربے FUTURISM فیوچرزم 3 نے کیے تھے وہ اپنی انتہاپسندی کے

باوجود ادبی جمود کو توڑنے کے لیے ضروری تھے اسی طرح سریلزم نے امیجری کو لاشعور کے رنگوں میں ڈبو کر ایک نئی قوس قزح پیدا کی۔ یہ تحریکیں اپنی ساری خود نمائی، بغاوت اور انتہاپسندی کے باوجود آرٹ (خاص کر مصوری) اور ادب کے مزاج کو بدلنے میں بڑی حد تک کامیاب ہوئی ہیں۔ "اقدار کی جستجو" کے مصنف رسل کولبرٹ کا خیال ہے، "دادازم اور سریلزم اس مخبوط الحواس دنیا سے نکلنے کی ایک اہم کوشش تھی جہاں انسانی ذہانت کا مضحکہ اڑایا جارہا تھا۔۔" (اقدار کی جستجو ص ۱۱)

یعنی آرٹ کو نئے اظہار و بیان کی حیرتوں اور لذتوں سے دوچار کرنے کی کوشش کی تھی خود اندرے برتیان نے سریلزم کی یوں تعریف کی تھی، "سریلزم کا استعمال ہم ایک خاص معنی میں کرتے ہیں، ہم اس پر متفق ہیں کہ یہ ایک طرح کی خودرفتگی ہے جو کم و بیش خواب کی حالت سے مشابہ ہے۔۔۔"

یہ ساری تحریکیں صنعتی سماج میں "باطنی آہنگ" کی جستجو کی ناکام کوششیں ہیں۔ ان کی مدد سے جو ادب یورپ میں (خاص کر شاعری) تخلیق ہوا ہے اس کی اہمیت کو کم نہیں کیا جاسکتا۔ جہاں تک تقلید کا سوال ہے تو یہ سوال علامہ اقبال کے سلسلے میں محترمی سرور صاحب نے کبھی نہیں اٹھایا جبکہ مولانا روم سے لے کر ہر بڑے شاعر، سیاست داں اور اہم شخصیت سے وہ (اقبال) متاثر ہی نہیں تھے بلکہ ان کے بیشتر خیالات ماخوذ بھی ہیں اور ان کی فکر اسلامی اقدار کی احیاء پرستی کے فروغ میں پیش پیش رہی تھی۔ یہی نہیں آج اردو ادب میں بڑی حد تک جس تنقید کا رواج ہے کیا یہ خالصاً ہندوستانی ہے اور آج کی ہندوستانی جمہوریت پر تو (بڑی حد تک)

انگریزی ہاؤس آف کامنس (HOUSE OF COMMONS) کی مہر لگی ہوئی ہے۔

ایک امریکی ناقد اسٹینلی برن شانے ان تحریکوں کی تعریف کرتے ہوئے کہا ہے، "بیسویں صدی فرانس کی صدی ہے۔ یہاں تک کہ مغرب کے سارے اہم شاعر سمبالسٹ یا سریلسٹیک خیالات سے نہایت متاثر رہے ہیں۔ کیا ان کے نام گنانے کی ضرورت ہے۔ ایلیٹ، لورکا، انگارپتی بلاک، پاسٹرناک، لیری، سافیرس کاذیودو، مونتالے وغیرہ۔۔۔"

اب نئی شاعری کے سلسلے میں یہ جملے ملاحظہ ہوں، "نئی شاعری میں نفسیاتی عناصر تو بڑی حد تک عصری شعور کے مطابق آگئے ہیں لیکن تہذیبی، علمی اور ذہنی عناصر ابھی خاطر خواہ نہیں آئے۔ تہذیب کے تصور میں انتھراپالوجی اور سوشیالوجی کے جدید تصورات نہیں ملتے۔ علمی پہلو کے لحاظ سے سائنس کے نظریات سے خاطر خواہ فائدہ نہیں اٹھایا گیا ہے۔ اسی طرح ذہنی پہلو کے لحاظ سے جدید فلسفے میں صرف وجودیت کا احساس ملتا ہے، آج اردو شاعر کا افق وسیع ضرور ہوا ہے مگر وہ صحیح معنی میں جدید نہیں ہو سکا ہے۔۔۔" (سالنامہ کتاب ۶۷ء ص ۱۳)

ان جملوں کا مطالعہ نہایت غور سے کرنے کی ضرورت ہے۔ پہلی نظر میں اختلاف کی گنجائش کم ہی نظر آتی ہے مگر غور کرنے کے بعد پتہ چلتا ہے کہ جدید شاعر کو سماجیات، حیاتیات، سائنس اور فلسفہ کے عالم کے روپ میں دیکھنا چاہتے ہیں یعنی آج دنیا میں جتنے علوم کی شاخیں ہیں، ان سب کا "سیب" (APPLE) کھائے بغیر صحیح معنی میں جدید نہیں ہو سکتا۔ اپنے ان چار جملوں میں دوبارہ "خاطر خواہ"

کے الفاظ استعمال کر کے جدید شاعر کی دل شکنی بھی نہیں کرتے۔ اس طرح وہ خوش ہو جاتا ہے کہ اسے ایک معنی میں ایکیڈیمیشین (ACADEMICIAN) بننے کا مشورہ دیا جارہا ہے۔ یہ بڑے نیک مشورے ہیں اس لیے کہ وہ جدید شاعروں میں حالی اور آزاد کو ڈھونڈ چکے ہیں۔ اب اقبال کے منتظر ہیں۔

پہلی بات تو یہ ہے کہ جدید شاعری درسی 4 شاعروں کے خلاف تخلیق کی گئی ہے۔ اسے درس گاہوں سے بچانے کی کوشش ہی صنعتی شہروں کی شاہراہوں اور گلیوں میں "لائی" ہے۔ لاہور (افتخار جالب) سرگودھا (وزیر آغا) اور علی گڑھ (خلیل اعظمی وغیرہ) میں جو جدید شاعری کی جارہی ہے اس کا زیادہ تر حصہ کتابی ہے، اگر ان چھوٹے شہروں کے شاعر بڑے صنعتی شہروں میں مارے مارے پھریں تو ان کی قلعی اڑ جائے۔ جدید شاعری غیر محفوظ، تشنہ، شکستہ دل، جری، سرکش جوانوں کی شاعری ہے۔ ظاہر ہے اس میں تقلیدی لوگوں کی بھی بھیڑ ہوگی (شاید سرور صاحب ان ہی لوگوں کی مذمت کرنا چاہتے ہیں مگر کوئی تحریک یا رجحان تقلید کرنے والوں سے نہیں بچ سکا ہے۔ یہ بھی ایک تاریخی حقیقت ہے۔)

۶۰ء کے بعد کی جدید شاعری ایک طرف ترقی پسند شاعری کے رد عمل میں ابھری ہے (وحید اختر کا یہ خیال کہ "جدیدیت ترقی پسندی کی توسیع ہے۔" ایک آرزو کی حیثیت رکھتا ہے۔ جدیدیت کی ترقی پسند جتنی شدت سے مخالفت کر رہے ہیں وہ اس کو رد کرنے کے لیے کافی ہے۔) تو دوسری طرف عالمی شعری تحریکوں سے متاثر ہوئی ہے۔ سب سے بڑی بات تو یہ ہے کہ نیویارک، لندن، پیرس، ماسکو، بمبئی، ٹوکیو، کلکتہ، مدراس اور دوسرے صنعتی شہر ایک دوسرے سے بہت دور نہیں

ہیں، اسی لیے بیٹ شاعر گنسبرگ (جو کہ COMMITTED شاعر ہے) کا خیال ہے کہ ان تمام شہروں میں بڑی یکسانیت ہے۔ کلکتہ کی بھوکی پیڑھی ہو یا اردو کی سرپھری نئی نسل، وہ موجودہ نظام سے اتنا اکتا گئی ہے کہ ادب میں ہر طرح کی تبدیلیاں کرنے پر مجبور ہے اور تجربے کر رہی ہے۔

(۵)

"اظہار وابلاغ" کا مسئلہ جدیدیت کا سب سے پرانا بحث طلب موضوع رہا ہے۔ اس کا سلسلہ بہت دور تک گیا ہے۔ یہ صرف بودلیر اور ران بو کا ہی محبوب مسئلہ نہیں تھا بلکہ شاعری کے ابتدائی نغموں (لوک گیت) انگریزی میں BELLAD بیلڈ) سے اس کا آغاز سا ہوا تھا کیونکہ اس وقت شاعری رزمیہ کے تعلق سے داستان گوئی کا "فرض" انجام دے رہی تھی۔ شاعری کھیتوں اور درباروں سے گزرتی ہوئی "زندگی کے بازار" میں آئی اور صنعتی انقلاب کے ساتھ مشینوں سے ٹکراتی اور گم ہوتی رہی ہے۔

آج بھی شیکسپیئر کے ڈراموں کے کتنے ہی حصے "مبہم" سمجھے جاتے ہیں، ڈن کے نغمے اپنی ساری سادگی اور حسن کے باوجود کہیں کہیں مبہم اور ناقابل فہم بھی ہیں، ڈن کا ایک شارح پروفیسر رڈپاتھ (T.REDPATH) ایک مصرعے اور ایک بند کے دو تین معنی پیش کرتا ہے، خود غالب کی مشکلات نیاز فتح پوری اپنے آخری زمانے میں لکھنے بیٹھے تھے۔ غرض کہ یہ مسئلہ اتنا نیا نہیں ہے جتنا کہ ثابت کیا جا رہا ہے۔ اس سلسلے میں نظیر صدیقی کا مضمون خاص توجہ کا مستحق ہے، اس لیے بھی کہ ترقی پسند مجلہ "گفتگو" نے اس کو وزیر آغا کے "اوراق" (سالنامہ ۶۷ء) سے نقل کرنے کی

زحمت گوارا کی ہے۔

نظیر صدیقی کا خاص تھیسس (THESIS) یہ ہے کہ اردو کی جدید شاعری مغربی (خاص کر فرانسیسی) ادب کی نقل میں کی جارہی ہے۔ انہوں نے ایلیٹ کی مشہور نظم چار آہنگ (FOUR QUARTETO) کو "بے معنی" ثابت کرنے کی سعی لا حاصل کی ہے۔ نہ جانے وہ کون "عقل مند لکچرر" تھا جو ان کو کچھ بھی مفہوم بتانے سے قاصر رہا۔ ظاہر ہے میں یہاں اس نظم کی شرح نہیں پیش کر سکتا نہ ہی ان کتابوں کے نام لکھنے کی جرأت کروں گا جن کی مدد سے اس نظم کے بعض حصے سمجھے جاسکتے ہیں۔

مجھے تو صرف اتنا کہنا ہے کہ ایلیٹ کی یہ عظیم نظم اس دور کی پیداوار ہے جب کہ وہ (کسی حد تک) جدیدیت سے الگ ہو چکا تھا۔ اس کے باوجود یہ ایک تاریخی حقیقت ہے کہ انگریزی شاعری میں جدیدیت کے فروغ میں ایذرا پاؤنڈ کے ساتھ ایلیٹ کا بڑا حصہ ہے جیسا کہ نوجوان ادیب انتھونی کرانن (ANTHONY CRONIN) نے اپنے مضامین 5 کے مجموعہ کے پہلے مضمون میں اس کے "انقلابی تجربات" کا ذکر کیا ہے، جس نے کچھ عرصے کے لیے ہی سہی انگریزی شاعری کے کلاسیکی روایتی مزاج کو بدل دیا تھا۔

بحث اصل میں یہ ہے کہ شاعری کیا ہے یعنی شعر یا نظم کسے کہتے ہیں؟ شاعر کیا کہنا چاہتا ہے؟ یعنی کس "بات" کا اظہار کرنا چاہتا ہے؟ کیا ابلاغ ضروری ہے؟ اگر نہیں تو کیوں نہیں؟ اگر ضروری ہے تو اظہار پر اکتفا کیا معنی رکھتا ہے؟ یہ ظاہر ہے کہ بڑی لمبی بحث ہے۔ اس کے بے شمار رخ، سطحیں اور معیار ہیں۔ اس پر مختصر اًرائے

دینا کافی نہیں ہے لیکن یہ ضروری ہے تا کہ اصل نکتہ کو سمجھا جا سکے۔ بحث سامع یا قاری کی توقع سے شروع ہوتی ہے۔ کیا ایک ایسا ماڈل قاری یا سامع تصور کیا جا سکتا ہے جو مشکل کلام (نظیر صدیقی نے سودا اور ذوق کے قصائد کو سمجھنے والے کا ذکر کیا ہے جو جدید شاعری نہیں سمجھ سکتا) تو سمجھتا ہے مگر جدید شاعری کو سمجھنے سے قاصر ہے، اس لیے نہیں کہ وہ مبہم ہے۔ "ابہام ایک اضافی قدر ہے۔" (میراجی) بلکہ اس لئے کہ وہ (جدید نظم) بے معنی ہے۔

اس سلسلے میں انھوں نے ایک بات کا ذکر نہیں کیا اور وہ ہے ادبی ذوق۔ اس لیے کہ ادبی ذوق کی تشکیل سخن فہمی کے سلسلے میں خاصا اہم رول ادا کرتی تھی۔ انھوں نے ایڈون میور، مڈلٹن مرے اور کئی ناقدوں کے حوالے سے یہ ثابت کرنے کی کوشش کی ہے کہ جدید مغربی شاعری (خاص کر فرانس کی) "ابہام کی بے معنویت" کی تاریخ ہے۔ انھوں نے یہ سمجھنے کی کوشش نہیں کی کہ وہ ایک قاری کی حیثیت سے کیا توقع لگائے ہوئے ہیں؟ ایک جگہ لکھتے ہیں، "ایلیٹ کا یہ دعویٰ صحیح ہے کہ شعر سے لطف اندوز ہونے لیے اس کو سمجھنا ضروری نہیں ہے لیکن اس بیان کی صحت محدود ہے۔" (سالنامہ اوراق ص ۸۵)

ظاہر ہے کہ ایلیٹ خود اپنے بیان کو ایک محدود طبقے کے لیے ہی سمجھتا ہے سار ی انسانیت کے لیے نہیں۔ اصل میں نظیر صدیقی نے مختلف ادبا اور شعرا کے اقتباسات جمع کرنے میں بڑی محنت کی مگر بصیرت سے کام نہ لیا۔ مضمون کے آخری حصے میں وہ ترقی پسند شاعر احمد ندیم قاسمی کے حوالے سے "شاعر کے منصب" کا ذکر کرتے ہیں (صفحہ ۸۹) اور یہیں سے ان کی الجھن کا پتہ چل جاتا ہے کہ وہ شاعر سے

"رہبری" کے متوقع ہیں اور وہ بھی اس دور میں جبکہ شاعر کا سماج میں کوئی مرتبہ نہیں رہ گیا ہے۔ وہ اپنے ضمیر کی خلش، اپنے خوابوں کی تعمیر و تخریب اور اپنے احساسات کے ٹوٹے آئینے لیے ہوئے زیرلب "خود کلامی" میں مبتلا ہے۔

کسی جدید شاعر نے یہ دعویٰ نہیں کیا کہ وہ اس دور کی پیچیدگیوں کو یوں بیان کرنا چاہتا ہے کہ قاری (بیچارے نثار اور پروفیسر کیا کریں گے؟) کی زندگی کے مسائل حل ہو جائیں، تو شاعری زندگی کی "تفسیر" نہیں ہے اور نہ مسائل کو حل کرنے کی کنجی۔ جدید نظم "ناقابل بیان ذہنی حالت کا اظہار ہے۔" (ژان پال ہان۔ JEAN PAUL HAN) نظیر صدیقی ابلاغ پر اس لیے زور دیتے ہیں کہ بغیر اس کے شاعری سمجھ میں نہیں آتی اور اگر سمجھ میں آگئی تو راہ راست نظر آ جائے گی۔ وہ جدید ادب کی بنیادی خصوصیت سے ہی منکر ہیں۔ ظاہر ہے میں اس شخص کو ہندوستانی موسیقی نہیں سمجھا سکتا جس کا ذہن اور کان اس کی لذت سے آشنا نہیں ہیں۔

ابلاغ پر زور دینا اس بات کا کھلا ہوا اعتراف ہے کہ قاری شاعر سے کسی خاص پروگرام یا عقائد کے اظہار کا مشتاق ہے اور انہیں شاعر کی علیحدگی ALLIENATION کا احساس نہیں ہے۔ وہ اب تک "طلوع اسلام" کے منتظر ہیں یا ترقی پسندوں کی نعرہ بازی کے۔ ان کا پورا مضمون افتخار جالب کو مخاطب کر کے لکھا گیا ہے اور انہوں نے یک طرفہ گفتگو کی ہے۔ جدید شاعری کے حامیوں کے بھی بے شمار اقتباسات جمع کیے جا سکتے ہیں مگر میرا مقصد صرف اتنا ہے کہ آج کا شاعر ابلاغ کو ایک چیلنج سمجھتا ہے اور اپنے اظہار کے نئے تجرباتی اسالیب کو اپنانے کی

کوشش کرتا ہے۔

مجھے یہ کہتے ہوئے جھجک محسوس نہیں ہوتی ہے کہ اردو کا ہندوستانی جدید شاعر اظہار وابلاغ کے مسئلہ کو اپنا ذاتی مسئلہ سمجھتا ہے اور فرانسیسی، انگریزی شاعروں کی تقلید کو اپنا عقیدہ نہیں سمجھتا۔

جہاں تک اعلیٰ شاعری کی بحث ہے، جار جین شاعروں اور ادیبوں کا مسئلہ تھی یا اقبال، جوش اور ترقی پسند اس کے پیچھے لٹھ لے کے پھرتے تھے۔ آج جدید شاعر کا مسئلہ "عظیم و بلیغ" شاعری کرنا نہیں ہے بلکہ کس طرح سے اس الجھن کربناک 6درد اور انسان کی بے کسی وبے بسی کا امیجری اور علامتوں کے ذریعہ اظہار کرے کہ اردو شاعری کا پرانا مزاج بدل جائے اور ایٹم بم پر بیٹھی ہوئی یہ دنیا اپنی بربریت کا کچھ اندازہ لگا سکے۔ کیا یہ ایک کارنامہ سے کم نہیں؟

ابلاغ کا اصل سوال تو اس وقت آتا ہے جب شاعر خیالات کو محور سمجھے اور پہلے ہی سے طے کرلے کہ وہ عوام الناس کے لیے کچھ لے کے آیا ہے تاکہ وہ اگر جنت گم شدہ حاصل نہیں کر سکتے تو اس کی جھلک ہی دیکھ لیں یا "ایسی بات" کہنا چاہتا ہے جو دیومالائی عناصر کی مدد سے کہی جاسکتی ہے لیکن یہاں بھی شاعری کا وہ بنیادی سوال اٹھتا ہے کہ نظم کے خیال وجذبے کو الگ کرنا ہی نہایت غیر شاعرانہ حرکت ہے۔ ان دونوں کے اتصال سے نظم نے جنم لیا ہے۔ کیا خیال کو جذبے سے الگ کرنے کے بعد نظم کا وجود باقی رہے گا؟

نظیر صدیقی نے سرور صاحب کی ایک تقریر کا حوالہ دیا ہے، جس میں سرور صاحب نے ایک شعری فضا کو لائق اعتنا سمجھا تھا اور وہ اس بات سے "خائف" ہیں

کہ اس طرح جدیدیت کے فروغ میں سرور صاحب بھی نظر آتے ہیں۔ جب آدمی کی بنیادی توقع ہی غلط ہو تو اس کو پورا کرنے کی کوشش ہی لاحاصل ہے۔ میں نے اس مسئلہ پر اس لیے اظہار خیال کیا کہ جدید شاعری کے سلسلے میں کوئی "خوش فہمی" نہ رہے۔

(٦)

ن۔ م۔ راشد کا "جدید شاعری" کے سلسلے میں رویہ دیکھ کر شاید کچھ لوگ انگشت بدنداں رہ جائیں گے کہ راشد7 (جنھوں نے آزاد نظم کو مقبول بنانے میں بڑا نام پیدا کیا تھا) بھی اس نئی نسل کی جدید شاعری سے نالاں ہیں۔ اپنے ایک مختصر مضمون میں وہ ہر ایک پاکستانی شاعر کا ذکر کرتے ہیں مگر سرپرستانہ انداز میں۔ یہ چند جملے ملاحظہ ہوں،

"دوسرے نئے شاعر جو تکنیکی اعتبار سے مختار صدیقی کے ہم پلہ ہیں لیکن جنھوں نے غیر معمولی قوت تخیل کا اظہار کیا ہے۔ عزیز حامد مدنی جو اپنے رچے ہوئے اسلوب اور غیر معمولی انسانی ہمدردی کے لیے مشہور ہیں۔ جعفر طاہر جو ساری دنیا کو ایذرا پاؤنڈ کی طرح کنٹوز میں سمونے کی کوشش میں مصروف ہیں۔ عبدالعزیز خالد جو اپنے بنیادی موضوعات یونانی شاعری اور قدیم صحیفوں سے لیتے ہیں لیکن تکنیکی اعتبار سے ثقیل اور لاپرواہیں۔ منیر نیازی جو بے حد حساس اور بیزار ہیں۔ جیلانی کامران اور افتخار جالب وغیرہ جو کہ اگرچہ بالکل نووارد ہیں لیکن موضوعات اور اسلوب اظہار کے لیے ہاتھ پاؤں مار رہے ہیں۔" (نیا دور خاص نمبر ۲۷۔۲۸ صفحہ ۱۷۰)

اس کے فوراً بعد رقم طراز ہیں، "ہمارے نئے شاعر اس قابل ہیں کہ وہ ہر موضوع پر لکھ سکیں، آزادی کے نئے ماحول کی ترجمانی کر سکیں جس نے اسے آزادانہ اور بے تکلفانہ اظہار خیال کے قابل کر دیا ہے۔" (نیا دور خاص نمبر صفحہ ۱۷۱)

راشد صاحب جب ترقی پسندوں سے شدید بیزار ہیں (فیض سے نہیں کیونکہ آخر وہ ان کے دوست ہیں اور نئے شاعروں کو آزادی کے بعد (یہ مضمون ایوب کی ڈکٹیٹر شپ اور رائٹرس گلڈ کے عروج کے زمانے میں لکھا گیا ہے) "نئے ماحول" میں نئی شاعری کی ذمہ داریوں سے واقف کرانا چاہتے ہیں۔ ظاہر ہے برسوں کی ملازمت کے دوران انہیں ادبی رجحانات کا جائزہ لینے کی مہلت نہیں ملی۔ اس لیے نہایت "مدبرانہ بیان" پریس کو جاری کر دیا تاکہ نئے شاعروں کو خبر ہو جائے کہ راشد صاحب کا دست شفقت ان سب پر ہے جو انہیں "امام" (اپنے دونوں مجموعہ کی تعریف اسی "پریس بیان" میں کر چکے ہیں اور اس سے زیادہ کیا کرتے؟) سمجھتے ہیں۔

راشد صاحب نے سلیم احمد کے مشہور طویل مقالے "نئی نظم اور پورا آدمی" کو پڑھ کر خط لکھا تھا۔ اس خط کے چند جملے ساقی فاروقی نے مجھے جون ۶۳ء (کراچی) میں سنائے تھے۔ آج وہ خط "نیا دور" کے نئے شمارے میں موجود ہے۔ مقالے کی قصیدہ خوانی کے بعد فرماتے ہیں، "ہم دونوں (یعنی راشد اور میراجی) نے اردو شاعری میں غالباً پہلی دفعہ اس شعور کا اظہار کیا ہے کہ جسم اور روح گویا ایک ہی شخص کے دو رخ ہیں اور ان میں کامل ہم آہنگی کے بغیر انسانی شخصیت اپنے کمال کو

نہیں پہنچ سکتی۔"

"جہاں تک میں اپنی شاعری کے مفہوم یا غرض وغایت تک پہنچ پایا ہوں، میں سمجھتا ہوں کہ میری شاعری اسی کامل ہم آہنگی کی تلاش میں سرگردانی کی ایک کوشش ہے۔"

"ہم آہنگی کی اس تلاش کا محض ایک پہلو ہے جس کے بغیر انسان اپنی تقدیر تک نہیں پہنچ سکتا۔" (نیادور نمبر ۴۱۔ ۴۲ صفحہ ۲۳۷۔۲۳۸)

میں نے اس خط کے اقتباسات دینا اس لیے ضروری سمجھا کہ راشد کے زوال کی نشاندہی کی جاسکے۔ ایلیٹ (راشد سے ایلیٹ کا مقابلہ مقصود نہیں ہے) بھی تو جدید شاعری ترک کرکے کلاسیکیت، رومن کیتھولک مسلک اور شہنشاہیت 8 کا دلدادہ بن گیا تھا۔ آخر راشد کیوں پیچھے رہتے؟ دیکھئے یوسف ظفر نے خواب دیکھ کر میراجی کو مسلمان کرلیا اور راشد تو ایمان لانے والوں میں آگے آگے ہیں۔ اس طرح جدید نظم کے بانیوں میں کوئی ایسا شاعر نہیں بچا جس کی روایت کو نئی نسل اپنانے کی خواہاں ہوسکے۔

اختر الایمان کو میں نے اپنے ایک مضمون میں (۵۶ء) فیض کے مقابلے میں جدید شاعر کہا تھا۔ وہ ۶۲ء میں نئی نسل کے وجود تک کے منکر تھے۔ انہیں نئی نسل کے الفاظ یا اصطلاح سے چڑ ہے (مجنوں گورکھپوری نے اپنے ایک مضمون "زندگی اور ادب میں بحرانی دور" میں نئی نسل کی اصطلاح مجاز اور علی سردار (جعفری) کے لیے استعمال کی تھی۔ ("ادب اور زندگی" صفحہ ۲۰۷ چوتھا ایڈیشن) سوغات کے جدید نظم نمبر میں اختر الایمان کا یہ خط آج بھی پڑھا جاسکتا ہے۔ اس کا جواب بلراج

کومل نے دیا تھا مگر میں اختر الایمان کے اس مضمون کا ذکر کرنا چاہتا ہوں جو نیا دور خاص نمبر ۲۷۔۲۸ میں شامل ہے۔ اس کا مطالعہ راشد کے "پریس بیان" سے کم اہم نہیں ہے۔

اختر الایمان کا خیال ہے کہ جدید شاعری کا آغاز لاہور میں ہوا۔ انہوں نے مولانا محمد حسین آزاد کا نام تو نہیں لیا مگر اشارہ ان کی طرف ہے۔۔۔ اس لیے کہ وہ ۱۹۳۶ء کو دوسرا قدم کہتے ہیں۔ اختر الایمان کے اس سوال جواب کا آج مطالعہ کیجئے تو پتہ چلے گا کہ وہ واقعی بہت میاں آدمی ہیں۔ اپنے کو کسی تحریک، کسی فارم سے وابستہ نہیں کرتے حتی کہ کسی کے بارے میں ایک تنقیدی لفظ تک استعمال نہیں کرتے۔ ان کی اس صلح کن پالیسی نے ترقی پسندوں اور جدید شاعروں کے درمیان ایک پل کی حیثیت دے رکھی تھی۔ وہ اچھی اور بری شاعری کے قائل ہیں۔ جدید وقدیم کے نہیں (صفحہ ۱۸۶) شاید انہوں نے قدیم وجدید کی کشمکش کو لائق اعتنا نہ سمجھا۔ چلئے قصہ تمام ہوا۔ جدید شاعر میراجی، راشد اور اختر الایمان کی میراث سے محروم رہ گیا۔۔۔ خوشا نصیب!

(۷)

لیکن یہ ساری ادبی بحثیں "قیامت" سے پہلے کی باتیں معلوم ہوتی ہیں۔ آج جدید شاعروں کی اقلیت نے "نجات" کے ہر دروازے پر جاکر دیکھ لیا ہے۔ وہی "ادبی اقتدار" کا پرانا تماشا جاری رہے۔ اگر وہ اپنی ذات کو "آخری پناہ" سمجھتے ہیں تو اپنی ذات سے خوش فہمیوں میں مبتلا ہو جاتے ہیں اور اگر وہ باہر کی دنیا میں جاتے ہیں تو گم ہو جانے کا خطرہ انہیں سہائے رکھتا ہے۔ اسی لیے میں نے اس مضمون کے

شروع میں کہا تھا کہ اس سے پہلے کبھی اردو شاعری اتنے سخت مراحل سے دوچار نہیں ہوئی تھی۔ شاید انسان اس سے پہلے کبھی بھی اپنے سائے سے اتنا نہیں ڈرا تھا۔۔۔ حد ہے کہ برٹرینڈرسل ایسا جری شخص اپنی خودنوشت سوانح عمری میں کئی جگہ لکھتا ہے کہ آدمی کبھی اتنا تنہا نہیں تھا۔ اس پر تبصرہ کرتے ہوئے کنگسلے مارٹن نے لکھا تھا کہ رسل ایسے عقلی (RATIONNALIST) شخص میں بھی ایک صوفی (MYSTIC) چھپا ہوا ہے۔ (۱۷ مارچ ۶۷ء کے نیوا سٹیٹسمین (NEW STATESMAN) میں یہ تبصرہ شائع ہوا ہے)

سارتر نے عرصہ ہوا لکھا تھا کہ کوئی نکلنے کا راستہ (NO EXIT) نہیں ہے۔ اس "جہنم" ہی میں رہنا ہے۔ یہی نہیں اسے برابر یہ احساس ہوا ہے کہ الفاظ سے کچھ نہیں ہو سکتا۔ اسی لیے اس نے سیاست میں حصہ لیا اور آخر میں جب "نجات" کا کوئی راستہ نہ ملا تو وجودیت اور مارکسزم کو ملانے کی ناکام کوشش کی (زمانے کی ستم ظریفی دیکھئے کہ طریق کار کا مسئلہ (THE PROBLEM OF METHOD کا داخلہ پولینڈ رومانیہ اور چیکوسلاویہ کے علاوہ سارے اشتراکی ممالک میں ممنوع قرار دیا گیا تھا) سموئیل بیکٹ (TRAMP) ٹرائیمپ کی کہانی بیان کرنے کی مسلسل کوشش کر رہا ہے اور جیسا کہ جارج اسٹائیز نے کہا تھا کہ ہر لمحہ مکمل خاموشی کی طرح بڑھ رہا ہے یعنی کچھ بھی نہیں ہے۔ نہ کرنے کو اور نہ کہنے کو۔۔۔ یہ دنیا ایک بہت بڑا "صنعتی ریگستان" بنتی جا رہی ہے۔ لوگ ہر طرح کے تعصبات میں مبتلا ہیں سیاسی، مذہبی، قومی اور ادبی۔۔۔

پروفیسر آر۔ ڈی۔ لینگ اپنی مختصر کتاب "تجربے کی سیاست" کے دیباچے

میں لکھتا ہے، "ہم سب قاتل ہیں، طوائف، 9 ہیں۔ بلا لحاظ کلچر، سماج، کلاس، ملک۔۔۔ خواہ ہم خود کو کتنا ہی نارمل، اخلاقی، بالغ نظر کیوں نہ سمجھتے ہوں۔ آج انسانیت اپنے "روشن امکانات" سے کٹ چکی ہے۔" (تجربے کی سیاست صفحہ ۱۱)

اس کے باوجود اظہار کی نامعلوم پیہم خواہشیں ہمیں کچھ نہ کچھ کہنے کی ترغیب دیے جارہی ہیں۔ قاضی سلیم، ندا فاضلی، عمیق حنفی، عادل منصوری، محمد علوی، احمد ہمیش اور کئی شاعر "اس ناگفتنی کے دور" میں تجربے کرنے کی مسلسل کوشش کر رہے ہیں جیسا کہ فرانسیسی دانشور کلاڈلیوی اسٹراس (CLAUD LEVI STRAUSS) نے کہا ہے کہ "ساری بے معنویت کے باوجود تلاش کی انفرادی مہم ضروری ہے۔"

اس طرح ترقی پسند اور جدیدیت کی کشمکش نیا پہلو اختیار کر لیتی ہے اور یہ کشمکش زندگی اور شاعری کے اس دور میں داخل ہوتی ہے جس میں صرف قفس ہی زندہ رہ سکتا ہے اور اسی کا نغمہ جدید شاعری کا نغمہ کہلانے کا مستحق ہے۔

حاشیے

(۱) سردار جعفری نے یہ خیال کرسٹوفر کاڈویل سے لیا ہے۔

(۲) ROSA LUXEMBURG

(۳) میکافسکی نے جس مینوفیسٹو پر دستخط کئے تھے اس کے چند جملے ملاحظہ ہوں۔ یہ ۱۲ء میں شائع ہوا تھا۔ "ہم ہی تنہا اپنے وقت کے چہرے" ہیں۔ وقت کا نقارہ ہمارے ہی لفظوں کے آرٹ میں گونج رہا ہے۔ پشکن، دستوئیفسکی اور ٹالسٹائی وغیرہ کو جدیدیت کے عرشے سے باہر پھینک دو۔ گورکی، بلوک، سولوگب وغیرہ

یہ سب سمندر کے کنارے بنگلے چاہتے ہیں۔۔۔ ہم اسکائی اسکریپر کی بلندی سے ان کی بے بضاعتی کو حقارت سے دیکھتے ہیں۔ ہم الفاظ کے خزانے کو اپنی مرضی کے لفظوں سے بھرنا چاہتے ہیں۔ ہم آج کے اظہاروبیان کے طریقے اور زبان سے شدید نفرت کرتے ہیں۔(دی کریٹو ایکسپریمنٹ۔ صفحہ ۹۶۔۹۵)

(۴) جارج اسٹیانر (GEORGE STEINER) نے کہا ہے، "جدیدیت کو سرد بنانے سے زیادہ کوئی اور درسی فعل نہیں ہے۔"

Nothing is more academic than modernism made frigid

(۱۰ مارچ ۶۷ء نیوا سٹیٹسمین)

(۵) جدیدیت کا سوال THE QUESTION OF MODERNITY

(۶) فیض نے بھی کہا تھا،

اک کڑا درد کہ جو گیت سے ڈھلتا ہی نہیں
دل کے تاریک شگافوں سے نکلتا ہی نہیں

(۷) سرور صاحب نے یہ صحیح لکھا ہے کہ "ماورا" اور "ایران میں اجنبی" کے راشد میں بڑا فرق ہے۔ راشد کی زبان کتابی، مصنوعی تراکیب سے گراں بار ہے۔" ('نظم کی زبان'۔ ہماری زبان ۲۲ جون ۶۶ء)

(۸) ایلیٹ نے یہ ۱۹۲۸ میں (FOR LANCELOT ANDREWS) لینسلاٹ انڈرویوس کے دیباچہ میں لکھا تھا۔

(۹) نئی لہر NEW WAVE کے ایک فلم ڈائرکٹر ژاں لو گودارد (JEAN

LUE GODARD) کا بھی یہی خیال ہے کہ وہ اپنے نئے مضمون میں کہتا ہے
"صنعتی سماج میں طوائفیت کا ہر طبقے میں رواج ہے۔"

(سائٹ اور ساؤنڈ ونٹر ۶۷۔۶۶ صفحہ ۴ (SIGHT AND SOUND

(1966-67 WINTER ISSUE

٭٭٭

تین رخی تنقیدی کشمکش

ترقی پسندی، جدیدیت کی کشمکش کا تفصیلی ذکر کر چکا ہوں۔ اب یہ کشمکش تین رخی ہو گئی ہے یعنی مابعد جدیدیت بھی داخل ہو گئی ہے۔ اس طرح اردو زبان اپنے آخری دور میں نہایت نازک مرحلے میں داخل ہو چکی ہے۔ ان چھوٹے چھوٹے "گروہوں" میں اتنا تناؤ ہے کہ کسی کو اردو زبان کی زبوں حالی کا شعور بھی نہیں ہے اور یہ لسانی، نظریاتی اور تاریخی جدوجہد کے بجائے انفرادی اور تیزی سے موجودہ زبان کی حالت سے دور ہوتی جارہی ہے۔ استالینی ترقی پسندی (مارکسی ترقی پسندی سے سالہا سال پہلے الگ ہو چکی تھی جس کا میں نے تفصیلی ذکر اپنے مضامین میں کیا تھا۔)

ہندوستان میں ایک معمولی بے بضاعت گروہ ہے۔ اس کا نام بھی لینا نہیں چاہتا۔ ہاں جدیدیت نیم جاں ہو کر بھی حضرت فاروقی کی وجہ سے "زندہ" ہے اور مابعد جدیدیت کا شاخسانہ انہیں چند ادیبوں کی زبانی سنا جا سکتا ہے جو کل تک حضرت فاروقی کے ہم نوا تھے اور آج دشمن ہو گئے ہیں۔ مابعد جدیدیت کیسے اور کب داخل ہوئی؟ اس کی تاریخ معین نہیں کی جا سکتی ہے۔ میرے پاس "دریافت" (نومبر ۱۹۹۲ء) کا شمارہ موجود ہے۔ اس کے اداریہ میں جناب قمر جمیل نے لکھا ہے۔ چند

جملے ملاحظہ ہوں،

"دریدا کے افکار اور نظریات سے ڈرنا اور گھبرانا نہیں چاہئے بلکہ اس کے بہت سے افکار ہسرل اور سوسیر کے افکار کالازمی نتیجہ ہیں۔ دوسری بات یہ ہے کہ دریدا یورپ کا پہلا مادی مفکر نہیں ہے۔۔۔ دریدا انسان کی داخلیت تک کو مادیت میں ڈھالنا چاہتا ہے۔ وہ کسی قسم کے نطق کے LOGO میں یقین نہیں رکھتا اور اس قدر مادہ پرست ہے کہ روح اسپرٹ اور ذہن کو مادہ کی طرح حقیقی نہیں سمجھتا اور نہ ہی جسم اور روح کی ثنویت میں یقین رکھتا ہے۔۔۔ اور یوں بھی دریدا ادب اور فلسفہ کے دونوں شعبوں کو متاثر کرتا نظر آتا ہے اور ہسرل اور دریدا دونوں کے یہاں ان کے تصور نشان کی بڑی اہمیت ہے۔" (ص ۹)

اس بحث کو آگے بڑھانے سے پہلے انیس ناگی 1 کی بدنام کتاب "شعری لسانیات" کا ذکر کرنا چاہتا ہوں۔ بدنام اس لیے کہا کہ اس کتاب پہ نہایت ناقابل برداشت تبصرہ سلیم احمد نے سات رنگ (کراچی کا ایک پرچہ) میں کیا تھا۔ اس کتاب کو "مہمل" تک کہا تھا۔ افسوس کہ وہ پرچہ میرے پاس نہیں ہے۔ انیس ناگی کی کتاب ۱۹۶۹ء میں شائع ہوئی تھی۔ اس کے بارہ ابواب ہیں۔ مختصراً ذکر کرتا ہوں کہ اردو میں یہ پہلی کتاب تھی جس نے نہایت سنجیدگی سے نکات کو پیش کرنے کی کوشش کی تھی۔ میں اب ابواب کے نام لکھتا ہوں (۱) لسانی ادراک (۲) اشارہ اور استعارہ (۳) لغاتی معنی (۴) استعارتی معنی (۵) مشابہتی رشتے (۶) لغاتی اور استعارتی (۷) تسخیر معانی (۸) محاکاتی استعارہ (۹) استعارہ یا تشکیل معانی (۱۰) سیاق وسباق میں (۱۱) ابلاغ، افہام، ابہام (۱۲) لسانی آہنگ۔

میں ہر باب کے چند جملے پیش کروں گا تاکہ یہ اندازہ ہو جائے کہ انیس ناگی کے کیا نکات تھے۔ یہ بھی یاد رکھنے کی بات ہے کہ انیس ناگی پاکستانی ادب میں بہت "بدنام" رہ چکے ہیں۔ ترقی پسندی اور جدیدیت دونوں حلقوں میں وہ واحد شخص ہیں جو ہدف ملامت بنائے گئے تھے۔

(ا) لسانی ادراک: تجربات اور اشیا کا لسانی ادراک ان کا موقف ہے۔ زبان حقیقت کا ایسا استعاراتی قالب ہے جو انسان کے مجرد تجربات اور واردات کو منظم ٹھوس جسمانیت سے ہم کنار کرتا ہے۔ زبان میں صرفی ونحوی اصولوں کی کارفرمائی اس امر پر دلالت کرتی ہے کہ انسان اپنے خیالات اور جذبات کو منظم کرنے کی قدرت رکھتا ہے۔ زبان کا بامعنی استعمال زندگی میں تنظیم اور تربیت کا مظہر ہے۔ زبان بیک وقت ایک انفرادی اور معاشرتی عمل ہے۔ (ص ۱۵)

دوسرا باب: اشارہ اور استعارے کے بارے میں ایک مروجہ تصور یہ ہے کہ تمام استعارے اشارے سے ہوتے ہیں لیکن تمام اشارے استعارے نہیں ہوتے۔ یہ ایک منطقی تضاد کا مشاہدہ ہے جو جزوی صداقت کا حامل ہے۔ یہ مشاہدہ اشارہ اور استعارہ کے اشتراکی وضعی کا نتیجہ ہے۔۔۔ اشارہ تحویلی یکتائی (Single Refrence) کے باعث استعارہ سے منفرد وجود رکھتا ہے۔ اشارہ میں تحویل متعین ہوتی ہے یا اسے خود متعین کیا جاتا ہے۔ وہ ایک سے زیادہ معنی کا حامل نہیں ہوتا۔ ایک سے زیادہ معانی کی مملکت استعارہ کا مقدر ہے۔۔۔ اشارہ لفظ اور شے کے وفاقی عمل کو ظاہر کرتا ہے۔ زبان میں اشاروں کا وجود استعاروں کی تشکیل کا پیش خیمہ ہوتا ہے۔۔۔ شعری لسانیات کا سارا تاروپود اشارہ اور استعارہ کے باہمی تعمل سے

تیار ہوتا ہے کہ یہ تجربات کی حسیاتی اور وضعی تشکیل سے عبارت ہے۔(ص ۲۷۔ ۲۲)

(۳) لغاتی معانی: لغت کا وجود ترقی یافتہ دور سے عبارت ہے۔۔۔ انسان کے لسانی اظہار کی ابتدائی شکل تکلم کی ہے اور لغت کا جملہ اثاثہ تکلم سے ماخوذ ہے۔۔۔ فی الحقیقت استعاراتی معانی کی 'لغاتیت" کو استعارہ کے تحویلی سانچے FRAME OF REFERENCE) میں تلاش کیا جاسکتا ہے۔۔۔ شعری لسانیات کی تشکیل میں لفظ کی ہر دو دلالتوں کی تعین میں بعض دفعہ مشکل ہو جاتی ہے کیونکہ ان میں ایک وضعی دلالت ہے اور دوسری غیر وضعی دلالت ہوتے ہوئے بھی اپنے سیاق وسباق میں وضعی ہو جاتی ہے۔ جب اسے اساسی معانی میں استعمال کیا جائے تو وہ ایک معنی کی متحمل ہو جاتی ہے۔ جب ایک سے زیادہ معانی کی شرح کے لیے استعمال کیا جائے تو وہ اپنے مفردی معانی کے مفرد ہونے کی نفی کرتا ہے اور جس معنوی اسلوب کو پیدا کرتا ہے اس میں اس کی حیثیت قطعی اور یقینی ہوتی ہے۔(ص ۴۰۔ ۲۹)

(۴) استعارتی معانی: استعارہ بیک وقت ایک ذہنی اور لسانی عمل ہے جو خارجی اور داخلی انسانی کائنات کو ایک قابل فہم سطح پر متصل کرتا ہے۔ شاعر کے ذہنی مضمرات تب ہی قابل فہم ہو سکتے ہیں اگر ان کا معروضی حقائق سے علاقہ ہو۔ اس صورت میں استعارہ شاعر کی داخلی واردات کو خارجی واقعات اور حقائق سے متعلق کراتا ہے اور خارجی حقائق کو جذبہ اور تاثر کی داخلیت سے متعارف کراتا ہے۔(ص ۴۷)

(۵) مشابہتی رشتے: اردو تنقید میں شبلی پہلا نقاد ہے جس نے استعارہ پر سیر حاصل بحث کی ہے۔ شبلی کے نظریات بھی ارسطو سے ماخوذ ہیں۔۔۔ شعری لسانیات کی تشکیل میں اصول اتحاد کی بدولت الفاظ نئے صفاتی اور حسیاتی اوصاف سے روشناس ہوتے ہیں۔۔۔ شاعری میں مشابہتی رشتوں کی تخلیق زندگی کے بو قلموں اور متنوع مظاہر کو متحد اکائیوں میں منتقل کرنے کا عمل ہے۔ (ص ٦٩۔ ٥٦)

(٦) لغاتی اور استعاراتی باب چار صفحے پر مشتمل ہے۔ پہلا جملہ "لغاتی معانی اشیا کا معنوی تعارف ہے۔" آخری جملہ "استعارہ معرفت اور آگہی کی لسانی تشکیل ہے (ص ۴۷۔ ۷۱)

(۷) تسخیر معانی۔ اس باب کے شروع میں مشہور نقاد کے چند جملے انگریزی میں نقل کیے گئے ہیں جن کو درج کرنا بہتر سمجھتا ہوں۔

The power of language to keep stop with the expansion of experience the long course of history lies in the tendence of words mean more than they designate (Susan K. Langer)

شعری لسانیات میں وہی الفاظ دوامی معنویت کا رتبہ حاصل کرتے ہیں جن میں اپنے وجود سے بڑھ کر معانی کے اظہار کی استطاعت ہوتی ہے۔ شاعر اور الفاظ کی آزمائش گاہ کا میدان استعارہ اور خصوصاً صورت حال کا استعارہ ہوتا ہے کہ استعارہ محض مشابہت نہیں ہے۔ یہ انسان اور معروضات کا مسئلہ ہے (ص ٨٩۔ ٧۵)

(٨) محاکاتی استعارہ: "محاکاتی استعارہ شعری لسانیات کو محاکات کے ذریعے ٹھوس جسمیت سے ہم کنار کرتا ہے۔ یہ استعارہ کی ٹھوس ترین شکل ہے۔" یہ تھا پہلا

جملہ ۔۔۔ اور " محاکاتی استعارہ ذہن کی ادراکی صلاحیت اور اس کے لسانی اظہار کی باہمی کارکردگی کا نتیجہ ہوتا ہے۔ "(ص ۱۰۶)

(۹) استعارہ یا تشکیل معانی: " استعارہ خود بخود نہیں بنتا کہ اس کی معنویت اس کی تشکیل میں مخفی ہوتی ہے۔ وہ مافی الضمیر کی پردہ پوشی نہیں کرتا بلکہ ذہن کو اس طرح حقیقت سے روبرو کرتا ہے کہ جس کا نظارہ عمومی ادراک کے حلقہ قدرت سے باہر ہوتا ہے (ص ۱۳۱)

(۱۰) سیاق وسباق: اس باب کا آخری جملہ ہے، "شعری سیاق وسباق انسانی تجربات کے حسیاتی اور تصوراتی اظہار کی مخصوص زبان ہے۔ "(ص ۱۴۶)

(۱۱) ابلاغ، افہام، ابہام: یہ بحث آج تک جاری ہے۔ مشاعرہ میں ہزاروں کی تعداد میں سامع ہوتے ہیں اور وہی شاعر حاصل مشاعرہ شعر سناتا ہے جو فوراً سمجھ میں آجائے۔ اختر الایمان نے جب ایک مشاعرے میں پہلی بار "ایک لڑکا" سنائی تو سب خاموش تھے، اس لیے کہ اختر الایمان کی فلمی شہرت سے ڈرے ہوئے تھے۔ سردار جعفری نے جب پہلی بار آزاد نظم لکھنؤ میں سنائی تو ہوٹنگ ہوئی تھی اور اب چند برسوں بعد یہی نہایت مقبول ہوئی کہ سردار جعفری اپنی شہرت کے عروج پر تھے۔ یہ دو مثالیں میں اس لیے دے رہا ہوں کہ اب رسل ورسائل، شاعر و قاری کے رشتے بہت بدل گئے ہیں۔ پھر بھی اولیت وہی ہے یعنی شعر یا نظم فوراً اثر انداز ہو۔

میں نے فیض کو تقسیم ہند سے پہلے سنا تھا۔ مجمع خاموشی سے سنتا رہا اور سالہا سال بعد ممبئی میں سنا تھا۔ ان کے ہر شعر پر واہ واہ کا شور اٹھتا تھا۔ ترنم نے حضرت

مجروح کی بڑی مدد کی ہے۔ وہی اشعار آپ پڑھیں تو ممکن ہے پسند کریں یا نہ کریں مگر آواز الفاظ کو ایک نغمہ بنا دیتی ہے جو وہ نہیں ہوتا۔

(۱۲) لسانی آہنگ کا سب سے بھرپور اظہار شاعری ہے۔۔۔ شاعری کا سارا نظام صورت و معانی کے رشتے سے عبارت ہے۔

پروفیسروں کا کاروبار تدریس کی پیشہ ورانہ ضرورت ہے۔ یہ نظریات امریکہ کے سرمایہ دارانہ نظام پر قائم معاشرے میں نئے فیشن کی مانگ بڑھاتے ہیں۔ نئی تنقید اور ساختیات میں فرق یہ ہے کہ نئی تنقید کے علم بردار تاریخ کو مانتے تو ہیں لیکن اسے تنقید میں کوئی اہمیت نہیں دیتے اور ساری توجہ شاعری کے اجزائے ترکیبی کے مطالعے پر صرف کرتے ہیں۔ ۱۹۶۶ء تک ساختیات کا زور باقی تھا کہ اس زمانے میں ساختیات کو امریکی جامعات کے دانشوروں سے متعارف کرانے کے لیے جون ہویونیورسٹی بالٹی مور میں ایک کانفرنس منعقد ہوئی جس میں ژاک دریدا کو فرانس سے مدعو کیا گیا تھا۔ دریدا نے یہاں مطالعہ متن کے سلسلے میں "رد تعمیر (ڈی کنسٹرکشن) کا طریقہ پیش کیا۔ دریدا نے کلوڈ لیوی اسٹراس کے ساختیاتی بشریات کے تصور ساخت کی تنقید پیش کی جس پر خوب گرما گرم بحث ہوئی۔

یہ کانفرنس جو ساختیات کو متعارف کرانے کے لیے منعقد کی گئی تھی، ساختیات کی نماز جنازہ پڑھنے پر ختم ہوئی۔ دریدا نے اپنے مقالے کی مقبولیت کے بعد ساختیات پر کھل کر تنقید کی، نہ صرف اسے رد کیا بلکہ ان نقادوں کے ساختیاتی علم علامات کو بھی نشانہ بنایا جو ۱۹۶۰ء سے ۱۹۷۰ء کے درمیان مقبول تھے۔ ان ساختیاتی نقادوں میں رولاں بارتھ، زوئین ڈروف اور ژیراژینت تھے۔ آج صورت

حال یہ ہے کہ اب جامعات کی چاردیواری میں محصور ہے اور صرف ایک تدریسی عمل بن کر رہ گئی ہے۔ یہ اب خالصاً پیشہ ورانہ تنقید بن گئی ہے جسے ادب کے ذیل میں نہیں لایا جاسکتا ہے۔۔۔

ہمارے لیے یہ مباحث اور تحریریں کچھ بھی معنویت نہیں رکھتیں۔ اگر رکھتی ہیں تو براہ کرم بتایا جائے کہ ہماری تہذیب اور ہمارے ادب کے لیے ان کے کیا معنی ہیں؟ یہ بات یاد رکھئے کہ جب تک قوت تخلیق باقی ہے، تنقید کا عمل باقی رہے گا۔"
(دریافت شمارہ ۹ جلد ۳ ص ۲۱۔۱۸)

حسب دستور پروفیسر نارنگ نے ڈاکٹر جمیل جالبی کا جواب دیا ہے۔ وہ ایک جگہ لکھتے ہیں، "بات یہ ہے کہ سب نئے فلسفے جرمن فلسفی ہوسریل سے چلے ہیں پھر مظہریت کو وجودیاتی مظہریت یا وجودیت کی شکل ہوسرل کے شاد گرہائیڈیگر نے دی۔" پروفیسر صاحب نے ہوسرل کا نام تو لیا مگر اپنے پورے مضمون میں صرف دوبار اس فلسفی کا نام آیا ہے جو نئے فلسفیانہ تنقید کا "سرچشمہ" سمجھا جاتا تھا۔ میں اب اس کتاب کا ذکر کروں گا جو نقادوں اور قارئین نے نظر انداز کر دیا تھا۔ یہ کتاب ہے، "لسانی فلسفے کے آئینے میں۔" یوں تو اس میں بہت فکر خیز مضامین ہیں مگر میں قارئین کی توجہ ھسرل کے فلسفیانہ خیالات تک اپنے حساب سے محدود رکھوں گا تاکہ ہمیں یہ تو پتہ چل جائے کہ اس "سرچشمہ" سے ہمیں سیراب ہونے میں کتنی مدد ملی تھی۔

خلیل مامون نے ھسرل کے فلسفے کو نہایت وضاحت سے پیش کیا ہے۔ افسوس کہ آج تک اس کتاب پر کسی کی نظر نہیں پڑی۔ وہ سوغات کے تیسرے دور میں

محمود ایاز کے معاون مدیر بھی رہ چکے ہیں۔ خلیل مامون نے نہایت صاف سیدھی زبان میں ہسرل کے تصورات کا ذکر کیا تھا۔ میں چند اقتباسات اردو کے عام قارئین کے لیے پیش کرنا چاہتا ہوں۔ مجھے یہ کتاب ۱۹۸۸ء میں انہوں نے عنایت کی تھی۔

"ہسرل کے مطابق عام طور سے نشاندہی کے عمل اور اظہار کو ہم معنی قرار دیا جاتا ہے۔۔۔ یہ اس لحاظ سے غلط ہے کہ علامیہ کا بنیادی عمل نشاندہی کرتا ہے جبکہ اظہار کا مقصد بامعنی گفتگو ہے۔ علامیہ یا نشاندہی کسی شئے کا نعم البدل ہے جبکہ وہ بذات خود بامعنی ہے۔ ہسرل مزید کہتا ہے کہ علامیہ اور اظہار کے درمیان وجود میں آنے والی موجودہ ابتری محض اس حقیقت کی بنا پر ہے کہ ترسیلی گفتگو میں علامتی نسبت ہمیشہ اظہار کی وابستگی کے ساتھ ظاہر ہوئی ہے تاہم اظہار کسی علاحدہ ذہنی صورت حال میں اس وقت بھی بے معنی ہو سکتا ہے جہاں اس کا عمل محض نشاندہی کرنا ہو۔۔۔

کسی بھی علامیہ اور نشان کا جوہر یہ ہے کہ وہ ہمارے ایقان کو کسی چیز کی جانب مبذول کر سکے۔۔۔ تحریک اور وجہ کا یہ تعلق ہمارے فیصلہ جات کے اعمال کے توضیحی اتحاد کا علم بردار ہے جس میں نشان اور نشان کردہ شئے اور امور مفکر کے ذہن میں تنظیم پاتے ہیں۔ کسی علامیہ کی نشاندہی کا عمل ہمارے فیصلہ جاتی اعمال کے لیے تحریکی اتحاد کا درجہ رکھتا ہے۔۔۔ ہسرل یہ بھی کہتا ہے کہ اظہار کے بامعنی ہونے کا یہ مطلب نہیں کہ وہ اس کے ساتھ ساتھ کسی حقیقت یا کسی امر کی نشاندہی بھی کرتا ہو۔ معنی اظہار کا اصل عنصر ہے جبکہ نشاندہی اس کا روایتی عمل۔۔۔ ہسرل اظہار یاتی اور فکری پہلوؤں کے امتیاز کو نہیں مانتا۔

عام طور پر یہ کہا گیا ہے کہ ہر اظہار ایک طبعی پہلو یعنی کسی نشان پر چاہے وہ

صوتی روپ ہو یا پھر کاغذ پر لکھے گئے نشان کے طور پر ظاہر ہوتا ہو اور اس کے نتیجے میں ذہن میں کوئی صورت حال پید ہوتی ہو، اس ذہنی صورت حال کو عام طور پر اظہار کا معنی قرار دیا گیا ہے۔ ہسرل اس امتیازی دوہرے پن کو غلط بتاتا ہے اور کہتا ہے کہ منطقی مقاصد کے پس منظر میں طبعی نشان اور حسی تجربے کے لیے یہ امتیاز کافی نہیں۔ اسما کی مثال دیتے ہوئے ہسرل کہتا ہے کہ بولے گئے یا لکھے گئے ناموں کے ذریعے ذہن میں پیدا ہونے والی صورت حال میں جو کہ کسی معروض کی جانب نشاندہی کرتے ہیں اور ان کے معانی میں بہت بڑا فرق ہے، اس پس منظر میں معانی اظہار کا ایک نادر کردار ہیں جبکہ اظہار سے پیدا ہونے والی صورت حال اور حسی معروض اس کا تجربی اور نفسیاتی نتیجہ ہے۔۔۔"

ہسرل نے ان مسائل کے پہلوؤں کو پیش کیا ہے کہ اظہار اور معنوی عمل کے امتیازات کا اظہار ہو سکے۔۔۔ اظہار اور معنی۔۔۔ ایک عینی اتحاد۔۔ معانی اور اہمال۔۔۔ معانی میں تبدیلی اور معانی کی عینی وحدت، منطقی محض معانی۔ معنوی تجربات کا عینی اور مظہریاتی مواد۔۔۔ خالص معانی اور اظہار کردہ معانی — آزاد اور غیر آزاد معانی اور تصور قواعد محض۔۔۔ معنوی آمیزش کے ماقبل تجرباتی قوانین، قواعد محض اور منطق محض کا تصور، نظریہ اظہار۔۔۔"

میں صرف خلیل مامون کی تفصیلی بحث کو مختصراً اس لئے پیش کر رہا ہوں کہ یہ خاص کر قارئین کے لیے مشکل ثابت ہو سکتی ہے۔ آخر میں ہسرل کے بنیادی خیالات کا خلاصہ پیش کرتا ہوں جو خلیل مامون نے لکھا ہے۔ حرف آخر عنوان کے تحت وہ لکھتے ہیں، "ہمارے عصر کے تقریباً تمام طرح کے علوم میں لسانی مسئلہ فکری

اور وجودی دونوں سطحوں پر ایک مسئلہ تصور کیا گیا ہے۔ فلسفہ نے اس مسئلہ کو کچھ زیادہ گہرائی اور شدت سے محسوس کیا ہے۔ یہ بات کسی مکتب فکر تک محدود نہیں ہے وہ آئر، آسٹن، رسل یا ڈنگسٹائین کا تجرباتی فلسفہ ہو یا سارتر، ہیڈگر کا انسانی یا مابعد الطبیعاتی فلسفہ یا پھر ہسرل کا مظہریاتی فلسفہ، لسان کی اہمیت پر زور سبھی میں ہے۔ یہ مظہر اس بات کا بھی شاہد ہے کہ بذات خود فلسفیانہ فکر اور اس کی تحقیق کس عجیب کشمکش کا شکار ہے کیونکہ متضاد اور مختلف قیاسات کی بنیاد پر مختلف نتائج تک نہیں پہنچا جا سکتا ہے۔"

خلیل مامون نے ہسرل کی تنقید بھی کی ہے اور واضح الفاظ میں لکھا ہے کہ وہ "یہ ثابت کرنے سے قاصر ہے کہ آزاد اور غیر آزاد معانی کن امور کی تشریح کرتے ہیں۔ ظاہر ہے کہ حقیقت میں معانی روزمرہ استعمال اور عملی مباحث دونوں میں کلیوں کے طور پر ابھر کر سامنے نہیں آتے۔ چونکہ معانی کا تعلق فہم سے ہے۔ ہم انہیں ان کے عینی مفہوم میں نہیں لے سکتے، محض اس بنا پر ہم معنی کو آزاد اور غیر آزاد قرار نہیں دے سکتے کہ علاحدہ طور پر ان کی توصیف وتوضیح کی جا سکتی ہے۔۔۔" توضیح کا عمل کہ جو انسانی فہم اور اس کے واسطے سے معنی میں بہت اہم مسئلہ ہے، معانی سے جڑا ہوا ہے۔ ہسرل کا تجزیہ اس کو بالکل فراموش کر دیتا ہے۔۔۔"

میں نے ہسرل کا اس لیے ذکر کیا کہ پروفیسر نارنگ کا بیان ہے کہ ہسرل تمام مباحث کا سرچشمہ ہے اور ڈاکٹر جمیل جالبی نے ہسرل اور کئی اہم فلسفی نقادوں کو پڑھا تک نہیں ہے۔ کیا پروفیسر نارنگ نے ان سب کو پڑھا اور سمجھا ہے۔ جی نہیں

میں یہ سوال ان سے نہیں کر سکتا، اس لیے کہ ترقی پسند کارل مارکس سے بڑی حد تک ناواقف تھے اور جدیدیے مغربی جدید رجحانات سے بے خبر۔

پروفیسر نارنگ نے اپنے مضمون کا آغاز گرامچی کے اقتباس سے کیا ہے۔ کیا انہیں یاد نہیں آیا ہوگا کہ "شعور" (بلراج منیرا) میں گرامچی پر اقبال اختر کا تفصیلی مضمون موجود ہے۔ کہاں وہ حضرت فاروقی کے اتنے قریبی دوست تھے کہ میر کے اشعار کی "بلند خوانی" بھی فاروقی سے کرائی تھی 2 دوڑ پیچھے کی طرف اے گردش ایام تو—میں ایک طویل مدت تک خاموشی سے مابعد جدیدیت کا "تماشا" دیکھتا رہا اور خاموش رہا۔ اس لیے کہ شطرنج کے کھیل میں جب سارے مہرے اپنی جگہ بیٹھ جاتے ہیں تو "کھیل" شروع ہوتا ہے اور پروفیسر نارنگ کی کتاب ۱۹۹۸ء میں شائع ہوئی تھی۔ یعنی وہ "تنقید" میں اپنی جگہ "مستحکم" کر چکے تھے اور اب ان کا اور میرا سامنا ہے یعنی "کھیل" شروع ہوتا ہے۔

اپنے ایک مضمون میں ان گنت مارکسی مفکرین کا ذکر "خیر" کیا ہے۔ وہ نام اس طرح لیتے ہیں جیسے کہ تمام مفکرین کا مطالعہ کر چکے ہیں اور جگہ جگہ ان کی توصیف میں جملے لکھتے ہیں۔ 'خدا' را کوئی بتلائے کہ ہم بتلائیں کیا۔ ایک تو ثقافت، تاریخ، اور طبقات کا ذکر نہیں آتا یا آتا بھی ہے تو اتنی جلدی سے ورق پلٹ دیتے ہیں کہ قارئین ان کے دیے ہوئے اقوال سے "حیران" ہو جاتے ہیں۔ میں معاشیات کا ایک طالب علم رہ چکا ہوں۔ مارکسزم میرے ام اے کے کورس میں داخل تھی اور میں نے پروفیسر ڈی پی مکرجی کی نگرانی میں کچھ جان پہچان ۵۱۔۴۹ء میں حاصل کی تھی۔ ان کے پہلے مضمون میں یوں تو کئی نامی گرامی نقادوں کا ذکر ہے

مگر بھولے سے بھی جارج لوکاچ کا نام نہیں ہے یعنی پروفیسر نارنگ یہ بتانا چاہتے ہیں کہ مابعد جدیدیت آزادی فکر، آزادی گفتار، آزادی تحریر کو اپنے دامن میں سمیٹے ہوئے ہے ع

پھر یہ ہنگامہ اے خدا کیا ہے۔۔۔

لوکاچ کی تنقید بھی ہوتی ہے اور آج مارکسی حلقوں میں اسے بڑی عزت اور احترام سے پڑھا جاتا ہے۔ وہ اپنی کتاب تاریخ اور طبقاتی شعور میں لکھ چکا ہے۔ یہ کتاب انگریزی میں ۱۹۷۱ء میں شائع ہوئی تھی۔ میں نے ۱۹۷۲ء میں پڑھی تھی۔ شام لال نے لوکاچ کی کئی کتابوں پر سخت تنقید کی تھی۔ اپنی کتاب "اردو مابعد جدیدیت پر مکالمہ" میں فرماتے ہیں کہ انہوں نے ۱۹۸۰ 3 میں جدیدیت کے خلاف آواز اٹھائی تھی۔ کیا انہیں وہ مضمون یاد نہیں ہے جو خاکسار نے ۱۹۶۷ء4 میں اردو ادب (پروفیسر آل احمد سرور) میں لکھا تھا۔ اپنے ہاتھوں اپنا سہرا باندھنے کی ان کو عادت ہے۔ ہمارے اردو ادب میں یہ بہت پرانی روایت ہے ع مستند ہے میرا فرمایا ہوا۔۔ پروفیسر نارنگ نے اپنے پہلے مضمون میں ان گنت کتابوں اور مارکسی نقادوں کا ذکر کیا ہے۔ ایسا معلوم ہوتا ہے کہ انہیں قدم قدم پر سہارا لینا پڑا ہے۔ صفحہ ۲۲ اور ۲۳ پر دس کتابوں کے نام ہیں۔ اپنے حساب سے "نئی" مگر فسردہ بات کہتے ہیں، "صدیوں سے چلا آرہا انسانی تصور بے دخل ہو گیا۔ دوسرے لفظوں میں جو تصور عقلیت پسند تحریکوں اور ہر طرح کے آئیڈیولوجی کی جان تھا اس کی بنیادیں ہل گئیں۔"

میں انیس ناگی کی کتاب رد تشکیل اور خلیل مامون کی "لسانی فلسفہ کے آئینہ

میں "کا تفصیلی ذکر کر چکا ہوں۔ یہاں ان باتوں کو دہرانا مقصود نہیں ہے۔ صرف اتنا کہنا چاہتا ہوں کہ خیالات میں تبدیلی تو ممکن ہے مگر اتنی کایاپلٹ تقریباً ناممکن ہے۔ آج پروفیسر نارنگ اپنا اسٹیبلشمنٹ بنانے میں کامیاب ہو گئے ہیں۔ ایک گروپ کی رہنمائی کر رہے ہیں۔ اس طرح ان کے دورخی بیان کی اثبات پوری ہو جاتی ہے مگر میں اس کتاب کے بہت سے پامال جملوں کا جائزہ لینا چاہتا ہوں تاکہ اردو زبان کے قارئین کو کسی قدر یقین آجائے کہ پروفیسر نارنگ کو اردو زبان کی بقا سے زیادہ اپنے کو حضرت فاروقی سے اہم ناقد ثابت کرنے کی کوشش ہے۔ یہ جملہ ملاحظہ ہو،

"اسی طرح کمپیوٹر ذہن (کمپیوٹر میں ذہن نہیں ہوتا یہ تو آدمی ہی کے ذہن کا کام کمپیوٹر کرتا ہے) نے علم کی نوعیت اور ضرورت کو بدل کر رکھ دیا ہے اور علم کی ذخیرہ اندوزی اور بازیافت کے یکسر نئے مسائل پیدا کر دیے ہیں۔ ان جملہ تبدیلیوں اور نئی کلچرل فضا کا اگر کوئی اصطلاح احاطہ کرتی ہے تو وہ مابعد جدیدیت ہی ہے۔" (ص ۲۲)

یہ بیان اس طرح پیش کیا گیا ہے جیسے تبدیلیاں، یعنی سماجی اور ثقافتی فضا میں جو صورت حال ہے اس کو صرف مابعد جدیدیت پیش کرتی ہے جبکہ پروفیسر نارنگ خود کہہ چکے ہیں کہ یہ برسوں پہلے سے چلی آرہی تھیں۔ دیکھ لیجئے کہ آج اپنے ملک میں کیا ہو رہا ہے۔ یہاں پہلے بھی دقیانوسیت تھی اور آج نئے رنگ ڈھنگ سے اپنا پرانا زہر پھیلا رہی ہے۔ مجھے تو تعجب ہوتا ہے کہ اردو ادب ہماری علاقائی زبانوں سے کتنا پچھڑا ہوا ہے۔ بنگلہ زبان میں یہ بحث بہت پہلے آچکی ہے۔ علم تعمیر یعنی عمارتیں بنانے کے طریقوں میں بھی پہلے سے دخل اندازی ہو چکی ہے اور پروفیسر نارنگ اس

طرح ان زبانوں کا انکشاف کرتے ہیں جیسے یہ تماشا نیا ہے۔ کیا وہ ثقافت کے معنی سمجھا سکتے ہیں۔ ہند کے جنوب، شمال کے درمیان کے فاصلوں کو اپنی اپنی زبانوں کے حلقے میں کتنی کتنی مشکلوں کا سامنا ہے۔

آریہ زبان کا بڑا ادیب مہاپترا (SRI KANT MAHAPUTRA) اپنی کتاب THE IMPORTANCE OF TRADITION میں اپنے صوبے ہی کی نہیں، پورے ملک کی روایات کا ذکر کر چکا ہے مگر پروفیسر نارنگ نے اس کو نظر انداز کیا ہے۔ مرہٹی دانشور پروفیسر ڈی ڈی کوسومبی نے بھی تفصیلی بیانات اپنی کتابوں میں دیے ہیں، خاص کر اسطور اور حقیقت میں وہ قدرے سخت گیر مارکسی مفکر تھے مگر ان کی کتابیں نہایت فکر خیز ہیں۔ مگر پروفیسر نارنگ نے کبھی بھولے سے بھی ان کا ذکر نہیں کیا۔ خیر!

پروفیسر نارنگ نے یہ بیان دیا ہے، "میں یہ بات پورے وثوق سے عرض کرنا چاہتا ہوں کہ تھیوری یعنی ادبی نظریہ سازی یا فلسفہ ادب ایک مکمل مثالی (آدرشی) صورت حال ہے۔" (ص ۵۰)

پروفیسر نارنگ کو اتنا تیقن کیسے حاصل ہوا کہ وہ اپنی "دریافت" پر پورے وثوق سے گفتگو کرتے ہیں۔ دیکھیے شام لال نے اٹھائیس اپریل 1961 میں ریمنڈ آیرانREYMOND ARON کی کتاب تاریخ کے فلسفہ کے تعارف پر تبصرہ کرتے ہوئے لکھا تھا، "یہ بحث ناتمام ہے۔ یہ صرف ایک طرح کی کوشش ہے۔ اب آپ یعنی قارئین ریمنڈ آیران کے چند جملے ملاحظہ کیجیے۔

"تاریخ کی تکمیلیت کا کوئی وجود نہیں ہے۔ بکھرے ہوئے اجزا کو اکٹھا کر کے

اپنی طرف داری میں بیان دے دیتے ہیں۔ فوری مشاہدات میں ہمیں کئی طرح کے اعمال نظر آتے ہیں اور ان کے درمیان ایک دوسرے میں فاصلے بھی اور اس تسلسل سے ہمیں کچھ جگہ پر عمل کرنے کے مواقع مل سکتے ہیں۔ اور ہمیں ذاتی فیصلے دینے کا موقع مل جاتا ہے۔۔۔"

میں اتنا پرانا شام لال کا تبصرہ اس لیے پیش کرتا ہوں کہ ایک مدت تک مارکسی مفکرین بھی کوئی بیان "پورے وثوق سے" نہیں دیتے تھے۔ پروفیسر نارنگ (ص ۵۱) پر فرماتے ہیں،

"واضح رہے کہ مابعد جدیدیت کے پاس کوئی ایسا اینٹی ایجنڈا نہیں جیسا جدیدیت کے پاس ترقی پسندی کے خلاف تھا (اس جملے کو نئے انداز میں دہراتے ہیں) مابعد جدیدیت کا سرے سے کوئی ایجنڈا نہیں ہے۔ اس کا مسئلہ زندگی اور انسان کا کرائسس (Crisis) ہے جس میں اکیلے جدیدیت کا کوئی مرکزی مسئلہ نہیں۔ اس لیے کہ بدلی ہوئی ترجیحات اور کامن سینس (COMMON SENSE) کے چیلنج میں جدیدیت تو آپ ہی کالعدم ہو جاتی ہے۔"

پچھلے صفحے پر پورے وثوق سے نظریہ سازی کو آدرشی کہہ چکے ہیں۔ انہیں ضرور معلوم ہوگا کہ یوٹوپیا بذات خود ایک نامکمل خیال یا ایسا آدرش ہے جو مفکرین دیکھتے سوچتے رہتے ہیں۔ مگر یہ خواب آج صرف ایک خواب یا خیال ہے۔ یہ صحیح ہے زندگی میں خواب کی ضرورت رہتی ہے مگر زیرک وہی شخص کہلاتا ہے جو سایے کے پیچھے نہیں بھاگتا۔ پروفیسر نارنگ آٹھ صفحے بعد نظام صدیقی کے خیالات کو دہراتے ہیں، "مابعد جدیدیت موضوعاتی، اسلوبیاتی، ساختیاتی، لفظیاتی اور نحویاتی

سطح پر بہت حد تک (یہ تین لفظ قابل غور ہیں) جدیدیت سے متغائر اور متمائز ہے۔" میں کہاں تک ان کے خیالات کو بیان کروں؟ ژاک دریدا پروفیسر نارنگ کے "محبوب" فلسفی نقاد ہیں مگر اس کی کتاب Spectres of Marx 5 کا کہیں ذکر نہیں ہے۔

شام لال نے اس پر تبصرہ کرتے ہوئے لکھا ہے۔ تبصرہ کا عنوان بھی قابل غور ہے (Massianic Make Believe) جادوئی خیال آرائی شام لال کا پہلا جملہ ہی فکر خیز ہے، "کبھی صاف سطحی فلسفیانہ فکر سے فریب نہ کھانا جو (Creed) پر کشش ہوتی ہے اور ایک طرح کا سکون آمیز بیان۔۔۔" دریدا کے الفاظ ملاحظہ ہوں، 'کیوں ان غریب بھوتوں کی پرانے اخبارات کے تراشوں میں تلاش کی جائے وہ بھی مارکس کی موت کے بعد۔ اگرچہ چند مشکل سوالات آتے ہیں۔ مارکس کے تشکیل نو کی ضرورت نہیں مگر ان میں جادوئی ترجیحات اور خیالات ہیں تو انہیں نظر انداز کرنا چاہیئے۔"

"دریدا اپنی خوشی دیوانہ پن اور بیانات کے اظہار میں کامیابی میں مست ہو جاتا ہے۔"

"اور یہ نعرہ Long Live Liberation بڑا مکروہ معلوم ہوتا جب کہ عوام کی اکثریت آمر حکمرانوں کی "غلامی" میں زندگی گزار رہی ہے۔۔۔" دریدا کہتا ہے (مذاقاً) کہ تشکیل نو کی پھر سے تشکیل کرنی چاہیئے۔۔۔" جب قاری اس کتاب کو ختم کرتا ہے تو عجیب سے لسلسلی مزے کا احساس ہوتا ہے مگر وہ مسائل کا حل نہیں ڈھونڈ پاتا تو اس لیے کہ نہایت پیچیدہ معاملات ہیں (یہ تبصرہ ۱۲ جنوری میں کلکتہ کے

اخبار میں شائع ہوا تھا) مجھے دیوندر اسر سے امید تھی کہ اپنے مضمون میں Crony Capitalism کا ذکر کریں گے اور مابعد جدیدیت پر سخت تنقید کریں گے مگر وہ بھی ایسا معلوم ہوتا ہے آج کی "ادبی تنقیدی فضا" سے گھبرا گئے ہیں۔ صرف بہت پرانی بات دہراتے ہیں کہ تہذیبیں ایک دوسرے سے متاثر ہوتی ہیں۔

ذرا یہ بتائیے کہ کتنے پہلے جان ڈن نے کہا تھا، "آدمی ایک جزیرہ نہیں ہے۔" حیرت ہے کہ ان سا دانشور بھی مابعد جدیدیت کے بارے میں دورخی باتیں کرتا ہے۔ تاریخ کا ذرا بھی مطالعہ ہمیں بتاتا ہے کہ ہر زمانے میں زبانیں، ادب، علوم حتی کہ مصوری بھی ایک دوسرے کو متاثر کرتی رہیں اور کرتی رہیں گی، خواہ رسل ورسائل کی اتنی بڑی دریافت ہوتی نہ ہوتی۔۔۔ ایک کتاب Derrida & Indian Philosophy ۱۹۹۲ میں شائع ہوئی تھی۔ اس پر تبصرہ Shelly Walia نے ۲۲ ستمبر ۱۹۹۳ء میں کیا تھا۔ کتاب کے مصنف کا نام Howard Cowed ہورڈ کاڈو ہے۔ دریدا کے چند جملے ملاحظہ ہوں۔

"کیا یہ حقیقت ہے انسانی خیالات اور زبان پر یہ مسلط کی گئی ہیں یا خود بخود انسانی ذہن اور زبان میں آئی تھیں۔ وہ دریدا کی اہمیت کو مانتی ہے مگر یہ سوال بھی کرتی ہے کہ مسائل بہت سنگین ہیں اور ان کا حل بہت مشکل ہے۔ شنکر اور بھارت ہری کا اثر دکھانے کی کوشش کی گئی ہے مگر وہ تفصیل میں نہیں گیا ہے (یہاں وہ سے مراد دریدا ہے) وہ یعنی دریدا مشرقی اور مغربی افکار میں مماثلت ڈھونڈنے کی کوشش کرتا ہے مگر تلاش نہیں کرپاتا ہے۔ یہ کتاب اس لیے اہم ہے کہ ایک ناتمام سہی، کوشش تو ہے۔ ٹائمس میں یہ تبصرہ شائع ہوا تھا۔ میں نے بھی سرسری ذکر کیا

ہے مگر پروفیسر نارنگ کو ساری خبریں تاخیر سے ملتی ہیں۔ میری یہ بات سمجھ میں نہیں آتی کہ جو شخص صبح وشام اپنے کو بلندی کی طرف جانے میں کوئی خطرہ محسوس نہیں کرتا، آخر وہ کس طرح "استعارہ" گروپ کا صرف سرپرست بن کر رہ گیا؟

شاید اسی لیے یگانہ نے بہت پہلے کہا تھا،

بلند ہو تو کھلے تجھ پہ زور پستی کا
بڑے بڑوں کے قدم ڈگمگائے ہیں کیا کیا

(۳)

میں حضرت وارث علوی کی کتاب پر اپنی رائے دینے کی "جرأت" کرتا ہوں۔ کتاب کا نام ہے "ادب کا غیر اہم آدمی۔" اس پر اب تک کوئی تبصرہ نہیں شائع ہوا، البتہ اس کتاب کے آخری سرورق پر حضرت فاروقی کا خط شائع کیا گیا ہے تاکہ قارئین کو پتا چل جائے وارث علوی صاحب کے خط نے حضرت فاروقی کو اشک بار کر دیا تھا۔ گو کہ وارث صاحب کے اس خط کا جواب نہیں دیا گیا مگر حضرت فاروقی کے چند آنسو کے قطرے وارث صاحب کی اہمیت کو "فروغ" دیتے ہیں۔ قارئین کی خدمت میں یہ عرض کرنا ضروری ہے کہ میں نے اپنے خاکے "پیارے دقیانوسی" میں لکھا تھا کہ وارث صاحب حضرت فاروقی کو "عظیم ناقد" سمجھتے ہیں اور دہلی کا ایک رسالہ انہیں "اردو ادب کی آبرو" کے نام سے یاد کرتا ہے۔

وارث صاحب نے کہیں بھی مابعد جدیدیت کا ذکر نہیں کیا ہے۔ میں اسے نظر انداز بھی کر سکتا تھا مگر نقاد کی اہمیت کا ذکر اس میں بڑے نرالے طریقے سے کیا ہے کہ میں نے اس پر بھی ایک نظر ڈالنا مناسب سمجھا۔ "ذہن جتنا بالا نشین ہوگا

شعروں کی اڑان بھی اتنی ہی بلندی ہوگی۔" یہ جملہ تنقیدی ہے یا نہیں مگر اس سے وارث صاحب کے "تنقیدی" مزاج کا پتہ چلتا ہے کہ وہ "انشاپردازی سے تنقید کو قابل مطالعہ بنانے کا "فن" جانتے ہیں۔ ایک اور جگہ ایسی ہی بات یوں کہتے ہیں، "عظیم تنقیدوں میں تخیل، تخلیق اور بصیرت کا ایک دھارا ہوتا ہے جس کا سرچشمہ شعروادب کا پر کیف مطالعہ رہا ہے۔ تنقید کا یہی تخلیقی اور وجدانی جوہر خشک عالموں اور بے جان مدرسوں کو اپنی طرف للچاتا ہے لیکن اس وقت تک ہاتھ نہیں آجاتا جب تب ادبی تجربہ نشہ بن کر حواس پر نہ چھا جائے۔"

وارث صاحب قاری کو بھی "فنکار" سمجھتے ہیں۔ یہ کتنی "مسرت" کی جگہ ہے۔ افسوس کہ ایسے جملوں سے قاری "خوش" تو ہو جاتا ہے مگر "نشہ" نہیں آتا، خالی خالی آنکھوں سے تکتا رہ جاتا ہے۔ اپنی باتوں کی وضاحت کرتے ہوئے فرماتے ہیں، "عموماً فنکار لکھنے کا گر نقادوں سے نہیں بلکہ دوسرے بڑے فنکاروں کے مطالعے سے سیکھتا ہے۔ اسی لیے لکھنے والے کے لیے بھی ادب کا قاری ہونا ضروری ہے۔ فنکار قاری کی کوکھ سے پیدا ہوتا ہے اور نقاد قاری ہی کی ترقی یافتہ شکل ہے۔" چلئے قصہ ختم ہوا یعنی قاری اور نقاد ایک دوسرے میں وارث صاحب کے خیال سے مدغم ہو گئے۔ کاش ایسا ہوتا۔۔۔؟

آگے چل کر لکھتے ہیں، "کیا تنقید کا درجہ تخلیق سے کم ہے؟" اسی جملے کو نئے الفاظ میں پھر فوراً لکھتے ہیں، "کیا تنقید تخلیق کی نعلین بردار ہے؟ کیا نقاد ادب کا غیر اہم آدمی ہے؟" یہ لکھنے کے بعد وہ فوراً زقند لگاتے ہیں اور فرماتے ہیں، "سماجیات ہو یا نفسیات، لسانیات ہو یا علم اساطیر، علوم کے مختلف شعبوں میں جو کچھ

بہترین سوچا گیا ہے تنقید اسے اپنے اندر سموتی ہے۔ اس معنی میں تنقید 'جہان افکار' ہے۔" اب وارث صاحب قاری کی صلاحیتوں کو علموں سے بچانے کی کوشش میں اسے "جہان افکار" میں ڈال دیتے ہیں۔ کچھ اور آگے جا کر وہ اپنی گفتگو اور دلچسپ بنانے کے لیے فرماتے ہیں، "تنقید وہ سر دلبراں ہے جو منبر پر فاش کیا جاتا ہے، وہ وعظ ہے جو راز کی صورت رازدانوں کو سنایا جاتا ہے۔ تنقید تخیل کی جادو نگری کی سیر ہے جہاں افکار سیاحت ہے۔" وہ تنقید کو تخلیق سے بالاتر بنانے کی کوشش میں بھول جاتے ہیں کہ وہ کہیں بھی قاری کی ذہنی سطح کا خیال نہیں کر رہے ہیں۔ صرف پر لطف، دلچسپ جملے تراش رہے ہیں۔

کاش وہ نہیں اور ہاں میں گفتگو نہ کرتے ہوئے بھی تنقید کی اہمیت کو فروغ دینے میں مسائل کا ذکر کرتے جس سے آج ادب کا قاری دوچار ہے۔ یعنی شعر کی تشریح، معانی کے مفاہیم، الفاظ کی پرکھ اور فکر کی بنیادیں کیا ہیں؟ ایک جگہ لکھتے ہیں، "تخلیق کا تجربہ جمالیاتی ہے اور تنقید کا دانشورانہ۔" دیکھئے عام اردو قاری کو وارث صاحب کہاں چھوڑ کر چلے گئے۔ نہ تو جمالیاتی کی تفصیل بیان کی اور نہ دانشور کی۔ وہ اچھی طرح جانتے ہیں کہ اردو کا عام قاری کتنا مجبور اور بے کس ہے۔ اردو زبان صرف مسلمانوں کی زبان بن کر رہ گئی ہے اور خود وہ اسی مضمون میں لکھ چکے ہیں کہ ناخواندگی اتنی بڑھ چکی ہے کہ مقبول عام شاعر جگر کا مجموعہ بھی فروخت نہیں ہوتا ہے اور اس دور کے سب سے مشہور شاعر اپنے مجموعے کا اجرا فلمی شخص مہیش بھٹ سے کراتے ہیں گو کہ اب بھی مشاعرے میں لوگ جمع ہوتے ہیں مگر رات کو مشاعرے کے ختم ہونے کے بعد "خوف" کی گلیوں سے گزرتے ہیں۔

اردو زبان اتنی محدود اور کمزور ہوئی ہے کہ مجروح صاحب کو "مشعل جاں" ہندی اور اردو دونوں زبانوں میں شائع کرانا پڑا تھا اور آج بھی کتنی کتابیں دکانوں میں خریدار کا انتظار کر رہی ہیں۔ مجھے حیرت نہیں ہوتی کہ قرۃالعین حیدر کا ناول گردش رنگ چمن آج بھی بکنے کے لیے موجود ہے۔ اردو زبان عالم نزع سے گزری ہے مگر ہمارے نام نہاد ادیب، قاری اور نقاد خاموشی سے یہ تباہی کا منظر دیکھ رہے ہیں اور گروہوں میں تقسیم ہو کر آپس میں بحث و تکرار میں گرفتار ہیں۔ میں وارث صاحب کی تحریر کو بہت پسند کرتا ہوں۔ بڑا لطف آتا ہے مگر مجھے ان کی بے کسی پر ہنسی نہیں آتی، میں صرف ایک عام اردو قاری کی طرح "خاموش" ہوں۔ غالب نے کہا تھا،

ہمہ نا امیدی ہمہ بدگمانی

میں دل ہوں فریب وفا خوردگاں کا

اس کتاب کے دوسرے مضمون میں انہوں نے حضرت فاروقی سے اپنی "عقیدت" کا اعتراف کیا ہے۔ ص ۸۷ کی آخری سطر میں موجود ہے۔ وہ فاروقی کو عظیم نقاد بہت پہلے بھی کہہ چکے تھے، یہاں بھی وہ ان کی عظمت کے معترف ہیں جبکہ اردو میں اہم نقاد تو دور کی بات ہے قابل ذکر نقاد بھی گنتی کے ہیں! وارث صاحب کے چند جملے پیش کرنا چاہتا ہوں تا کہ پتا چلے کے وہ خود کس درجے کے ناقد ہیں۔

"تنقید بیل گاڑی ہی کی مانند سخت جان ہے۔ اول تو اسے ہوائی جہاز ہونے کا دعویٰ نہیں ہے۔ وہ ہچر مچر چال چلتی رہتی ہے۔ دیکھا کہ فکر کے گڑھے میں پہیا

پھنس گیا تو دو چار فلسفیوں کو بلا کر کہا لگاؤ دھکا۔ نظریہ کی لاش بھاری ہوگئی ہے تو دو چار نقادوں کو کندھے دینے کے لیے آواز دی۔ پانچ دس اشعار کے غل غپاڑہ مچانے والے چھوکروں کو جمع کیا اور ان کے شور شرابے میں شاعر کا جلوس بیل گاڑانہ بڑھ گیا۔"(ص ١٦)

"تنقید ٹھرا نوشی سے پرہیز کرتی ہے۔"

"تنقید تخلیق کے اڑن کھٹولے کا پایا پکڑ کر عظیم تخیل کے اندرلوک کی سیاحت کرتی ہے۔"

"بصیرت کے بغیر تنقید بھی رائیگاں ہے لیکن کوندا لپکے نہ لپکے، گھنگھور گھٹاؤں کا اپنا ایک لطف ہے، خصوصاً بدلیوں سے علم کی پھوار برسنے لگے تو ذہن سیراب ہو جاتا ہے۔ نقاد ادب کا وہ تپسوی ہے جو علم کی لنگوٹی پہنے نظریہ کی ایک ٹانگ پر کھڑا اس تیسری آنکھ کے کھلنے کا منتظر ہے جو خاشاک کے تودے میں دماوند دیکھتی ہے۔"

وارث صاحب جملے تراشتے ہوئے یہ نہیں سوچتے کہ ان الفاظ کے کیا معنی ہیں۔ ان کی نظر میں نظریہ "بھاری لاش" ہے۔ ذرا زحمت کرکے بتادیں کہ مرنے سے پہلے یہ "لاش" ایک زندہ آدمی تھی یا Still Born تھی۔ میں ان سے عرض کر چکا ہوں کہ ان کے مضامین "الفاظ" کا انبار ہیں۔ اگر وہ سوچ سوچ کر لکھتے تو کیا واقعی اتنی کتابیں لکھ پاتے۔ انہیں کی معاشی مدد سے اظہار کا آخری شمارہ شائع ہوا تھا۔ میں یہ جملے لکھنے پر مجبور ہوں کہ وارث صاحب "سرمست آدمی" ہیں، جو جھونک میں آکر لکھتا چلا جاتا ہے۔ انہیں معلوم ہے فاروقی، احمد مشتاق (پاکستانی

شاعر) کو فراق سے بہتر شاعر سمجھتے ہیں مگر ایک دھن میں لگے کسی شخص کو کہاں تک کوئی سمجھا سکتا ہے۔ فاروقی نے لکھا ہے، "تم نے زندگی کو، ادب کی سیاست کو جس بہادری، پامردی اور شانت ہم سایہ کے خوف سے ماوراہو کر برتا ہے، اس کی مثال نہ پہلے تھی اور نہ اب ہے۔"

ان جملوں کے فاروقی کو وہ حالی کے بعد سب سے بڑا نقاد کیوں نہ کہیں گے؟ گجرات اکادمی کے دس سال سکریٹری رہے، مجھ سے مراسم رکھے جو ایک قسم کی مفاہمت ہی تھی۔ میرے نام ایک کتاب کا انتساب کیا۔ وہ تو قدم قدم پر مفاہمت کرتے رہے ہیں اور اب لاچار بیٹھے ہیں۔۔۔ ان تمام باتوں کے باوجود میں ان کی کتابیں دلچسپی سے پڑھتا ہوں،

غیر سے دیکھئے کیا خوب نبھائی اس نے
نہ سہی ہم سے پر اس بت میں وفا ہے تو سہی

(۴)

اب پھر مابعد جدیدیت کی بحث کی طرف واپس آتا ہوں۔ پروفیسر نارنگ نے The Peotics of Post Mordernism (1998) by lind Hutcheonاس کتاب کا نام تو لیا ہے مگر اس کے خیالات کا ذکر ضروری نہیں سمجھا ہے۔ آیئے اس پر بھی ایک نظر ڈال لیں۔ وہ اپنی کتاب کے پیش لفظ میں لکھتی ہے، "میں نے موجودہ ثقافتی مسائل کا مطالعہ پیش کیا ہے جو آج بحث اور مزید تکرار کا باعث بنے ہوئے ہیں۔۔۔ امبریٹو ایکو(UMBRETO ECO)،(ایک اطالوی ادیب) نے نہایت بے باکی سے کہا ہے، "گلاب کا نام" نشان اور اس کی متعدد تفسیر

کرتا ہے۔ یہ بات قدیم زمانے میں دلچسپی کا باعث تھی۔

شیکسپیئر کے تاریخی ڈراموں میں متضاد ذاتی تاثرات اور تاریخی واقعات پائے جاتے ہیں۔ صرف مابعد جدیدیت کا طنز (IRONY) لازمی حصہ بنا ہے۔ یہی نہیں وہ تضادات اور ان کا خبط بار بار ان کی موجودگی کا احساس دلاتی ہے۔ شاید اسی لیے ہمارے ثقافتی نقاد اس طرف توجہ دے رہے ہیں۔ آج ہمارے حلقوں میں مابعد جدیدیت کی ضرورت سمجھی جارہی ہے، یہ سوالات اٹھاتی ہے بلکہ مباحث کا ذریعہ بھی بنتی ہے مگر جوابات ثقافت کے بارے میں نہیں دے پاتی ہے۔ میں جانتی ہوں کہ مسائلاتی (Problematize) ایک بھدا لفظ ہے مگر دوسرے الفاظ بھی ایسے ہیں جیسے Theorize " نظریات، جمالیات وغیرہ۔ یہ یکسانیت نہیں ہے بلکہ اس بات کو اقتدار سے مناسبت کرتے ہیں۔ ان پوشیدہ رشتوں کا اظہار کرتے ہیں جو انسانی اثباتی منسلکاتی مواد کو جمالیاتی اور سائنسی روپ دیتے ہیں۔"

مارکوز کے مشہور ناول "ایک سو برس کی تنہائی" پر متضاد آرا کا اظہار کیا گیا ہے اور یہ مابعد جدیدیت کی ایک مثال ہے۔ مشہور نقاد لاری کافری Lorry Coffery اسے ایک سیاسی اور تاریخی حقیقت سے موسوم کرتا ہے۔ یہ ایک نمونہ بن گیا ہے موجودہ ادیبوں کے لیے۔ وہ اپنی کتاب کے آخری صفحات Melafictional Muse میں کہتا ہے، یہیں سے میری بحث کا آغاز ہوتا ہے۔

"سب سے اہم بات یہ ہے کہ داخلیات کی محرکات کو چیلنج کرتا ہے تاکہ انسانیت کے خیال کو یکجہتی مل سکے۔ یہ صرف ایک التباس (Illusion) یکجہتی کو پیش کرتا ہے۔ تعلیم یافتہ، حساس، دانشورانہ یا کمرشلزم ثقافتی سابق سرمایہ دارانہ

نظام کی نشاندہی ہے جو صنعتی سماج میں ظہور پذیر ہوئی ہے۔"

"مابعد جدیدیت یہ بتانا چاہتی ہے کہ تمام مرمت انسانی تعلقات کی قدروقیمت اپنے تمام متضادات محدودیات میں ممکن ہے۔"

"نامور فلسفی بڈیسہ راڈ BANDRILLARD اسے ثقافتی اخراج سمجھتا ہے یا آخری TECHONOSCAPE کی طرف مراجعت، مشہور فرانسیسی ڈرامانگار آرتار (ARTAND) کا خیال ہے یہ ایک جسم ہے بغیر کسی اعضا (ORGANS) کے۔"

اور بھی کئی مثالیں دی جاسکتی ہیں۔ RICHARDROTRY کا کہنا ہے "دریدایا کوئی اور کہتا ہے روایات نے متنی تنقید کو نظر انداز کیا ہے صحیح نہیں ہے۔ پرانی طرز گفتگو کا الٹ پھیر ہے اور خاصا مشکوک بھی۔ ساری بحث کا آغاز مابعد سے شروع ہوتا ہے۔ کیا یہ رد جدیدیت ہے یا اس کے اوپر مسلط کیا گیا ہے۔" یہ بحث ناتمام رہتی ہے اور ناتمامی اس کی ایک خصوصیت ہے۔ لینڈانے تصویر کے دونوں رخ پیش کرنے کی کوشش کی ہے تاکہ قارئین خود فیصلہ کریں۔ جیسے وہ پیراڈی (PARODY) کے بارے میں کہتی ہے۔ یہ اٹھارہویں صدی کا مزاح (WIT) نہیں ہے۔ اس کی نئی تشریح کی گئی ہے۔ وہ یکسانیت کے دونوں پہلو کو پیش کرتی ہے۔ طنز کی نشاندہی کرتی ہے کہ دونوں رخ سامنے آجائیں یعنی ہاں بھی اور نہیں بھی۔ یہ پیراڈی تاریخ نگاری م، ابعد فکشن، فلم، مصوری، فن تعمیرات میں نمایاں ہے۔ یہ تبدیلی اور تسلسل میں بھی کارفرما ہے۔ اس لیے یونانی لفظ Pare ذومعنی لفظ ہے۔ تبدیلی کا مخالف دونوں معنی میں استعمال ہوتا ہے۔

یہ کتاب دو حصوں میں منقسم ہے۔ اس میں بارہ ابواب ہیں۔ ہر باب کسی ادیب، مفکر یا ناول کے اقوال سے شروع ہوتا ہے۔ لینڈا نے بڑی کوشش کی ہے حمایتوں اور مخالفین دونوں کے خیالات پیش کر کے ان پر بحث بھی کی ہے مگر خود کو الگ رکھنے کی کوشش کی ہے۔ میرا مضمون خاصا طویل ہو گیا ہے ورنہ میں ہر باب کا مختصر اًتذکرہ کرتا۔ اس لیے اب میں آخری باب ہی کا ذکر کروں گا۔ اس کتاب کے انجام کا لب لباب ہے۔ اس کی ابتدا وہ یوں کرتی ہیں، "تھیوری بھی عمل کے بڑھاوے سے آگے نہیں جاتی ہے۔" یہ اقوال چارلس برسٹین Charles Bernstine کا ہے۔ پھر وہ اپنے "اختتامیہ کا آغاز یوں کرتی ہیں، "آرٹ اور تھیوری (شاید) انقلابی خیالات نہیں جیسے کہ اس کے حمایتی خطیبانہ انداز کہتے ہیں۔ اور نہ وہ نئے دقیانوسی ہیں جیسے کہ ان کے مخالفین سمجھتے ہیں۔"

اس باب کا عنوان ہے شعریت یا مسائل (A Poetics or Problematize) آپ اس سے اندازہ لگا سکتے ہیں کہ اس کے خیال سے پتا نہیں اسے شعریت کہا جائے یا مسائل کی بحثیں۔۔۔ وہ پہلے پیراگراف کے آخری جملے میں کہتی ہے میں اس کی حمایتی نہیں ہوں۔ دوسرے پیراگراف کے آغاز میں کہتی ہے، "اب مابعد جدیدیت کے (Dark Side) سیاہ رخ کا فیشن بن گیا ہے۔ بات یہ ہے کہ مابعد جدیدیت کے دورخی انداز کو آپ اسی کے اندر رہ کر بحث کریں، یعنی آپ کو باہر سے اس پر بحث کرنے کا اختیار نہیں ہے۔ تاریخ کو چیلنج کرنے کے یہ معنی نہیں ہیں کہ آپ اس کی اہمیت ہی نہ مانیں۔

تیسرے پیراگراف کا آغاز BAUDRILLARD کے نہایت فکر خیز

(The Precesson of Simulacra (1984 مضمون کے ذکر سے کرتی ہے اس مضمون میں آپ Subsitutes (مثاوی) کو اصلی حقائق کی جگہ رکھ کر تجزیہ کریں۔ یہ مابعد جدیدیت کر رہی ہے۔ اس طرح اختلافات کو رد کر کے تخلیقی محرکات اور مقابلیلاتی رجحانات کو معطل کر دینے کے مترادف ہے۔ اس نے کہا ہے کہ ماس میڈیا حقیقت کو غیر جانب دارانہ کر کے اس کو مسخ کر رہی ہے۔ یہ ایک طرح Simulacrive یعنی معنی کو بالکل ختم کرنے کے مترادف ہے۔ یہ نہیں ہے کہ "سچ" اور جوابات موجود نہیں ہیں مگر وہ اہمیت کھو چکے ہیں۔ اس پیراگراف کے آخری جملے میں وہ کہتی ہے، میں سمجھتی ہوں بڈیسہ راؤ ہی مابعد جدیدیت کی تعریف Definition کر سکتا ہے۔

چوتھے پیراگراف کا آغاز اسی فلسفی کے قول سے کرتی ہے۔ تمام ثقافتیں (Cultures) یہ مان لیں کہ سرمایہ دارانہ نظام میں وہ رہ رہی ہیں۔ اس طرح ہم قول محال کو برعکس کر سکتے ہیں۔ ایڈورڈ سعید کے قول کو بیان کرتی ہے۔ اس کے لیے ہمیں "تنقیدی شعور" (Critical consciousness) چاہئے۔ مابعد جدیدیت اقتدار (Power) کو منطقی سیاسی چال سمجھتی ہے مگر وہ آرٹ کے تخلیق کی مخالف نہیں ہے۔ اس پیراگراف کے آخری جملہ میں کہتی ہے، یہ نظریہ مابعد جدیدیت اپنا سکتی ہے مگر یہ بھی جستجو طلب ہے۔ پانچویں پیراگراف کا آغاز اس جملے سے ہوتا ہے، مابعد جدیدیت کے اقوال محال کی کمزوری یہ ہے کہ وہ ہمیں کلیاتی نظام یا معین اداروں کی سرحدوں (جیسے عملیاتی منطقی اور نظریاتی) کے بیانات میں مدد نہیں کرتی ہے جبکہ وہ ناتمام تلقین کرتی ہے۔

اس پیراگراف کا آخری جملہ یہ ہے، "ادبیت تنقیدی رویے پر منحصر ہے ناکہ نظریے اور اس کے عمل پر۔۔۔ متن کی Properties نظریاتی منقش پر مبنی ہے۔" (T. Bannett 1979) چھٹے پیراگراف کا آغاز، یہ شعریت کی بجائے مسائل کے مختلف ڈسکورس میں مابعد جدیدیت کے الجھ جاتی ہے جیسے فکشن اور غیر فکشن یازندگی اورآرٹ کے فاصلے۔۔۔ پورا آرٹ اور حقائق کی جستجو میں الجھ جاتا ہے۔ تاریخی اور ذاتی تاثر ات۔۔۔ یہ صرف سوالات اٹھاکر رہ جاتی ہے اور "حقائق" پیش کرتی ہے۔ اس سے پہلے معنی متعین ہوتے ہیں۔

ساتواں پیراگراف خاصا طویل ہے۔ میں صرف دو تین جملے لکھوں گا۔ جارجن ہربرماس JURGEN HARBERMAS (مارکسی نقاد) قبول کرتا ہے کہ دو نقاد مغربی امریکہ میں مابعد جدیدیت کی اصطلاح میں استعمال ہوئے۔ تعلقات کی بحث اور تاریخیت، مارکسی اور روایاتی دونوں حلقوں نے اس کی مزاحمت کی۔ (1983) اور یہ ڈسکورس تانیثیت (Faminiest) سیاہ فام لوگ مابعد ملوکیت اور دوسری غیر مرکزی نفسیاتی مباحث جیسے تاریخی نظریے اور تجزیاتی فلسفہ بھی۔

میں اب مختصراً پیش کروں، اس لیے کہ مضمون خاصا طویل ہو گیا ہے۔ مارکسی مفکر و نقاد ہربرماس کا خیال ہے کہ مابعد جدیدیت ایک قسم کا نیا تارہ آرٹ اور عالمی ادب کے لیے ہو سکتا تھا مگر متنازع فی مسائل میں الجھ کر عارضی اور وقتی مسئلہ بن کر رہ گیا ہے۔ یہی نہیں بلکہ کچھ مفکرین کا خیال ہے کہ حقیقت کے معنی کو مسخ ہی نہیں بلکہ ان کو مکمل رد کرنے کی کوشش بھی کرتا ہے۔

لینڈا نے مابعد جدیدیت کی دورخی کشمکش کو نہایت خلوص سے غیر جانب دارانہ

طریقہ سے پیش کیا ہے یعنی اس کے منفی اور اثباتی پہلوؤں کی تنقید پیش کی ہے۔ وہ سوالات کو پیش کرتی ہے مگر کوئی جواب نہیں دے پاتی کیونکہ وہ کلیت کو رد کرتی ہے۔ اس کتاب میں ایک سو پچاس کتابوں کے حوالے دیے گئے ہیں۔ کتاب کے آخر میں ادیبوں اور ان کی کتابوں کے نام موجود ہیں۔ لینڈا نے قارئین پر فیصلہ کرنے کی ذمہ داری چھوڑ دی ہے۔ وہ پروفیسر نارنگ کی طرح "پورے وثوق" کا شکار نہیں ہے!

(۵)

میں ایک کتاب کا مختصراً ذکر کرنا چاہتا تھا۔ یہ پروفیسر احمد سہیل کی کتاب "ساختیات، تاریخ، نظریہ اور تنقید" ہے مگر پروفیسر ستیہ پال آنند نے صفحہ ۱۲ پر لکھا ہے، "یہ تنقید کی کتاب نہیں ہے۔" اس کے باوجود میں اس کا ذکر کرنا چاہتا ہوں۔ شاید اردو زبان میں یہ پہلی مکمل کتاب "ساختیات" کے بارے میں ہے۔ اس میں بھی کم ازکم سو کتابوں کے حوالے مصنف اور کتابوں کی اشاعت کی تاریخیں دی گئی ہیں۔ حیرت ہوتی ہے کہ اس پر اب تک ہندوستان میں کہیں بھی تبصرہ نہیں ہوا ہے گوکہ پروفیسر آنند پروفیسر نارنگ کے ہم نوا ہیں۔ اس میں ترجمے کے ساختیاتی نظریے کو پیش کیا گیا ہے۔ یہ کتاب بارہ ابواب پر مشتمل ہے۔ قیمت مناسب ہے یعنی چار سو پچاس صفحات کی قیمت صرف دو سو روپے ہے۔ اس میں بیشتر مفکرین اور اہم شخصیات کی مختصراً تعارفی زندگی بھی لکھی ہوئی ہے۔ یہی نہیں اس میں اردو کے ایک قدیم ڈرامے "گل بہ صنوبر چہ کرد" اور ساختیات کا باب بھی ہے۔ یہ ڈراما ۲۴ فروری ۱۸۹۰ء میں پہلی بار منچ پہ پیش کیا گیا تھا۔ کہا جاتا ہے کہ اس کا

پلاٹ حاتم طائی سے لیا گیا ہے۔ یہ کتاب اردو قارئین کو ضرور پڑھنا چاہئے۔

(۶)

میں مضمون گجرات میں فسادات اور الیکشن میں بھاجپا کی "شاندار" جیت کے بعد لکھ رہا ہوں۔ اردو زبان مسلمانوں کی زبان بن کے محدود ہو کر رہ گئی ہے اور یہ دائرہ اتنا کم ہو جاتا ہے کہ مستقبل کے بارے میں پیش گوئی کرنا آسان ہو گیا ہے۔ ایک اخبار نے تو لکھا ہے کہ وہ دن دور نہیں ہے جب ترنگا جھنڈا کے بجائے بھگوا جھنڈا تین چوتھائی ہندوستان پر لہرائے گا۔ میں قنوطی ہوں مگر اتنا نہیں۔۔۔ دیکھئے ستر سال میں ترقی پسندی، جدیدیت اور مابعد جدیدیت یعنی تین رخی کشمکش اب بھی جاری ہے۔ ان چھوٹے چھوٹے گروہوں سے میں الگ اس لیے ہوں کہ یہ ادیب کے بنیادی حق آزادی تحریر پر غیر سرکاری طور سے پابندیاں عائد کرتی ہیں۔ سب سے چھوٹا گروپ استالینی ترقی پسندوں کا ہے۔

میں پہلے ہی عرض کر چکا ہوں ان تینوں کے آپسی مزاحمات اتنے سخت ہیں کہ "مکالمہ" کی فضا بنائی نہیں جاسکتی ہے۔ اس لیے اردو میں "مابعد جدیدیت پر ایک مکالمہ" خاصی پرانی معلوم ہوتی ہے۔ ہماری ثقافت اور تاریخ کو "مسخ کرنے کی ایک ناتمام کوشش کے سوا کچھ نہیں ہے۔ غالب نے کتنے پہلے کہا تھا،

ہے موجزن اک قلزم خوں کاش یہی ہو
آتا ہے ابھی دیکھئے کیا کیا میرے آگے؟

حاشیے

(۱) یہ انیس ناگی تھے جنہوں نے محترمہ کشور ناہید کو "پھولن دیوی" کے نام

سے یاد کیا تھا اور جب وہ شدید بیمار پڑے تو محترمہ ان کو دیکھنے اور مزاج پرسی کرنے گئی تھیں۔

(۲) غالب نے کہا ہے،

خطر ہے رشتہ الفت رگ گردن نہ ہو جائے
غرور دوستی آفت ہے تو دشمن نہ ہو جائے

(۳) ص ۶۲ پر اپنی تعریف میں یہ بیان دیا گیا ہے۔

(۴) میرا مضمون 'ترقی پسندی اور جدیدیت کی کشمکش' ۱۹۶۷ء میں شائع ہوا تھا۔

(۵) کارلس مارکس کا بھوت

(۶) علامہ اقبال نے کیا خوب فرمایا تھا،

موتی سمجھ کے شان کریمی نے چن لیے
آنسو جو تھے میرے عرق انفعال کے

(۷) اس کتاب کا نام عملیات کے اثرات consequences of Pregmatism (اشاعت ۱۹۸۰) ہے۔ میں نے یہ کتاب نہیں پڑھی ہاں اس کے اقتباسات پر نظر ڈالی ہے۔

***

باقر مہدی کے کچھ اہم تنقیدی مضامین

غالب، میر اور یگانہ

مصنف : باقر مہدی

بین الاقوامی ایڈیشن جلد منظر عام پر آرہا ہے